新 手 从 零 开 始 学 系 列

酒店经理

团队建设 · 对客服务 · 营销推广 · 成本控制

新创企业管理培训中心 组织编写

化学工业出版社
· 北 京 ·

内容简介

《酒店经理：团队建设·对客服务·营销推广·成本控制》一书，专为在职酒店经理及有志于投身酒店管理行业的读者量身打造，旨在帮助他们自学并掌握酒店管理的核心知识和技能。

本书内容涵盖酒店管理的多个关键领域，包括酒店管理认知、酒店团队建设、前厅业务管理、酒店客房管理、酒店餐饮管理、酒店安全管理、酒店营销管理、酒店客户管理和酒店成本控制等几个方面。通过系统而全面的介绍，读者可以深入了解酒店经理的工作范围、职责和核心任务，掌握有效的管理方法和运营策略。

本书采用模块化设置，循序渐进地引导读者从基础知识到实际操作，既适合初学者入门，也适合有经验的酒店经理提升管理技能，是一本不可或缺的酒店管理工作手册和工具书。

图书在版编目（CIP）数据

酒店经理：团队建设·对客服务·营销推广·成本控制/新创企业管理培训中心组织编写．—北京：化学工业出版社，2024.6
（新手从零开始学系列）
ISBN 978-7-122-45314-3

Ⅰ．①酒… Ⅱ．①新… Ⅲ．①饭店－商业管理 Ⅳ．①F719.2

中国国家版本馆CIP数据核字（2024）第063044号

责任编辑：陈 蕾　　文字编辑：李 彤
责任校对：李雨函　　装帧设计：溢思视觉设计 E-mail：isstudio@126.com／程超

出版发行：化学工业出版社（北京市东城区青年湖南街13号　邮政编码100011）
印　　装：三河市双峰印刷装订有限公司
787mm×1092mm　1/16　印张 $13^{3}/_{4}$　字数253千字　2024年7月北京第1版第1次印刷

购书咨询：010-64518888　　售后服务：010-64518899
网　　址：http://www.cip.com.cn
凡购买本书，如有缺损质量问题，本社销售中心负责调换。

定　价：68.00元

前言

酒店管理是指酒店管理者为了有效实现酒店的经营目标，在了解市场需求的前提下，遵循一定的原则，运用各种管理方法，对酒店所拥有的人力、物力、财力、时间、信息等资源进行计划、组织、指挥、协调、控制、激励等一系列活动的总和。

现代酒店行业的经营管理工作，主要分为两大方面，即内部管理和市场营销。内部管理方面包括团队建设、对客服务（包括前厅、客房、餐饮服务）、安全管理、成本控制。市场营销方面则包括营销推广、客户管理。

酒店管理既是一门理论学科，又是一门实践学科，酒店经理的职责就是要让酒店所有的服务都能够保持在一个合格的水平，并且能不断提升服务的质量。只有不断完善酒店的管理模式，提升服务质量，才能使酒店品牌具有竞争优势。

随着经济的快速发展和居民消费水平的提高，人们对酒店品质的要求也越来越高。酒店行业必须不断提高服务质量和管理水平，不断提升品牌形象，以满足消费者不断提高的要求。这就需要酒店经理具备领导能力、管理技能、服务精神等多方面的素质。作为酒店经理，应当设定科学的经营目标，积极引入并培训酒店管理人才，通过网络渠道进行酒店品牌的推广及服务产品的销售，从而提高经营管理水平，建立良好的品牌形象，同时应注重数字化管理，注重可持续发展、注重环保和节能减排，运用信息化技术和可持续发展理念，提高酒店管理效率和服务质量。

为了达成以上目标，酒店经理需要成为一个持续学习者，但进行脱产学习的可行性又不大。基于此，我们编写了《酒店经理：团队建设·对客服务·营销推广·成本控制》一书，以帮助那些已经在岗位上的经理们自学。

本书的内容非常丰富，具体包括酒店管理认知和酒店团队建设、前厅业务管理、酒店客房管理、酒店餐饮管理、酒店安全管理、酒店营销管理、酒店客户管理、酒店成本控制8个方面。

本书可以帮助那些已经在职的和有志于从事酒店管理的人员全面了解酒店经理工作的范围、职责、核心，确定管理方法和思路，掌握运营技巧与策略，更好地规划职业发展方向。

本书采用模块化设置，内容实用性强，着重突出可操作性，由浅到深，循序渐进，是一本非常实用的指导手册和入门工具书。

由于编者水平有限，书中难免出现疏漏，敬请读者批评指正。

编　者

目录

第一章　酒店团队建设

酒店行业的激烈竞争使得团队建设对于增强酒店的核心竞争力，提高酒店的管理水平愈发重要。酒店经理需要从科学设计组织架构、选择合适的团队成员、不断加强团队培训、完善团队绩效考核等方面进行酒店团队建设。

第二章　前厅业务管理

前厅部是酒店的一个重要部门，它是整个酒店业务活动的中心，前厅是给客人留下第一印象和最后印象的地方，前厅部员工服务态度和服务质量的好坏直接影响到客人对酒店的印象。

第三章　酒店客房管理

客房部在酒店中有着极其重要的地位，客房出租是酒店经济收入的主要来源。酒店要想越做越好，就要注重客房服务管理，引导员工做好服务工作，客人才会满意。

第四章 酒店餐饮管理

餐饮在酒店经营中发挥着重要作用，餐饮不仅是酒店的重要营收项目之一，还是酒店品质口碑的象征，是酒店增加客户黏性的重要途径。

第五章 酒店安全管理

酒店管理不单单体现在服务与卫生层面，安全问题也是酒店经理应该重视的部分，有好的安全管理基础，才能保证酒店的投资回报率。

第六章　酒店营销管理

酒店经营实质上也是一种商品生产，和其他所有生产一样，其目标是要把产品最大限度地销售出去。要成功推销酒店产品，就要采取合适的营销策略。

第七章　酒店客户管理

客户是酒店生存和发展的基础，市场竞争实质上就是争夺客户的竞争，因此吸引一大批稳定客户来重复性消费对酒店的长期经营管理至关重要，可以帮助酒店提高客户满意度和忠诚度，提高酒店行业形象和竞争力，促进酒店的长足发展。

第八章　酒店成本控制

实施有效的成本控制措施来降低经营成本，是酒店提高经营管理水平和经济效益，增加企业综合竞争力的重要手段。酒店成本控制的加强，必然能带来经济效益的提升，实现利润最大化。

酒店管理认知

酒店是由多种业务、多个部门组成的一个整体组织。酒店管理是指酒店管理者为了有效实现酒店的经营目标，在了解市场需求的前提下，遵循一定的原则，运用各种管理方法，对酒店所拥有的人力、物力、财力、时间、信息等资源进行计划、组织、指挥、协调、控制、激励等一系列活动的总和。酒店管理者作为酒店运营的主导者，可以称其为酒店总经理、酒店经理、酒店店长等，这里为了便于我们编写，统一称为酒店经理。

在学习酒店管理知识前，酒店经理一定要对自己有个定位，了解自己的岗位职责、工作目标和该岗位对素质、能力的要求。

下面是××酒店在××招聘网站上发布的一则酒店经理的招聘信息。

岗位职责：

1.负责酒店的经营管理，领导各部门员工完成酒店的各项计划目标。

2.围绕酒店下达的利润指标和各项指令，编制酒店的预算和决算，严格控制经营成本。

3.负责酒店团队的建设，提高整个酒店的服务质量和员工素质。

4.根据市场变化和发展，制定切实可行的市场营销工作策略，并组织实施和进行有效控制。

5.全面负责安全管理工作，抓好食品卫生、治安安全等工作，确保客人和员工的人身、财产安全。

6.与酒店各部门进行日常的沟通协调，确保信息畅通、有效。

7.负责维护好酒店的外围关系，抓好重要客人的接待工作，塑造良好的内外部形象。

8.完成酒店交办的其他工作。

任职资格：

1.年龄30～40岁，大专及以上学历，酒店管理相关专业优先。

2. 具有3年以上五星级酒店经理工作经验。
3. 具有良好的职业道德，较强的沟通协调和应变能力，较强的管理和团队建设能力。
4. 原则性强，执行力强；有良好的抗压能力，能出色地完成酒店下达的各项指标。
5. 认同酒店文化核心价值观，具有较强的服务意识、学习能力和工作责任心。

从以上内容可以看出，酒店管理工作可以说是千头万绪、纷繁复杂。作为一名酒店经理要懂、要做的事情可不少。为了有效地完成工作，酒店经理必须依据所应履行的各种职责扮演不同的角色，并努力成为游刃有余的沟通者。

在短期经营中，酒店经理的工作职责是经营控制。酒店经理必须善于做好监控者和信息传递者的角色，对酒店内部大量的不同的信息进行监控和传递，处理非常规性的工作和问题，并将自己有限的时间放在重要的经营问题上。

在中期经营中，酒店经理的工作职责是组织发展。对于酒店经理来说，面临的挑战主要是使下属得到发展，为提高下属对酒店的经营控制能力而制订各种特定的计划方案，并依据酒店外部环境调整酒店的服务策略。

酒店经理除了要进行酒店内部的沟通外，还要与其他酒店和当地的社会团体进行横向沟通，使酒店的发展趋势与外部环境保持一致。同时，酒店经理还要与上级酒店主管和行业专家保持沟通，与他们通力合作，以顺利地实施酒店各项经营计划。

在长期经营中，酒店经理的工作职责是事务维持。酒店经理必须确保酒店的生存发展，要对资金的运用进行正确的决策，使其与酒店的服务策略保持一致，提高组织的稳定性，以确保酒店经营战略的实施。

酒店管理既是一门理论学科，又是一门实践性学科，酒店经理的职责就是要让所有的酒店服务都能够保持在一个合格的水平，并且不断提升服务的质量。只有不断完善酒店的管理模式、提升服务质量，才能使酒店的品牌形象形成竞争优势。

第一章

酒店团队建设

酒店行业的激烈竞争使得团队建设对于增强酒店的核心竞争力，提高酒店的管理水平愈发重要。酒店经理需要从科学设计组织架构、选择合适的团队成员、不断加强团队培训、完善团队绩效考核等方面进行酒店团队建设。

本章思维导图

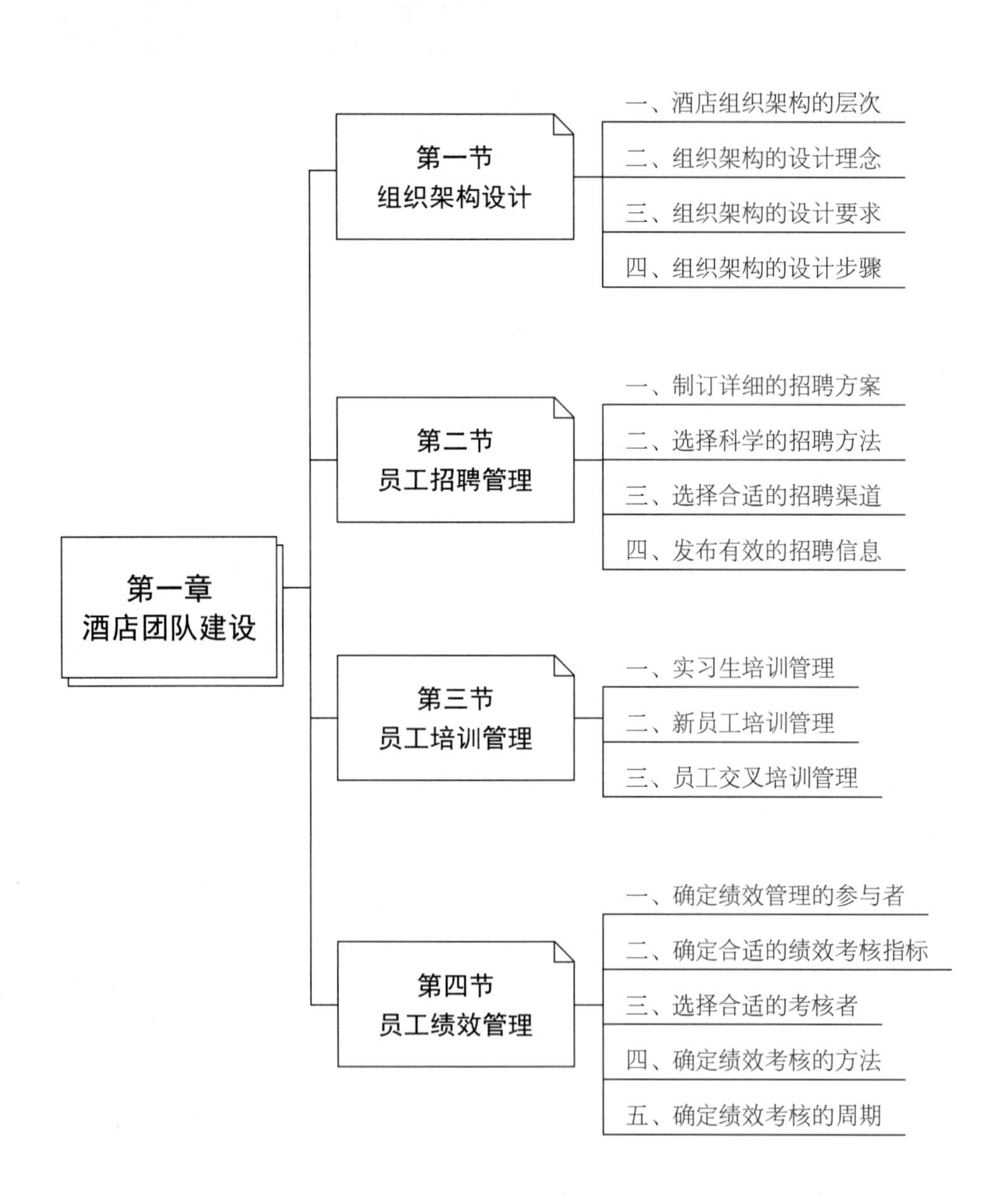
第一章
酒店团队建设
第一节
组织架构设计
一、酒店组织架构的层次
二、组织架构的设计理念
三、组织架构的设计要求
四、组织架构的设计步骤
第二节
员工招聘管理
一、制订详细的招聘方案
二、选择科学的招聘方法
三、选择合适的招聘渠道
四、发布有效的招聘信息
第三节
员工培训管理
一、实习生培训管理
二、新员工培训管理
三、员工交叉培训管理
第四节
员工绩效管理
一、确定绩效管理的参与者
二、确定合适的绩效考核指标
三、选择合适的考核者
四、确定绩效考核的方法
五、确定绩效考核的周期

第一节　组织架构设计

组织架构是酒店管理体系的一个重要组成部分，是做好酒店管理的必要条件，是酒店管理模式的框架结构。组织架构设计得是否科学合理将直接影响管理工作的效率和部门运作情况。

一、酒店组织架构的层次

组织架构设计得是否科学合理将直接影响管理工作的效率和部门运作情况，组织架构一经确定就不能再做过多的调整，因此组织架构的设计要慎重。一般来说，酒店组织架构包含图1-1所示的四个层次。

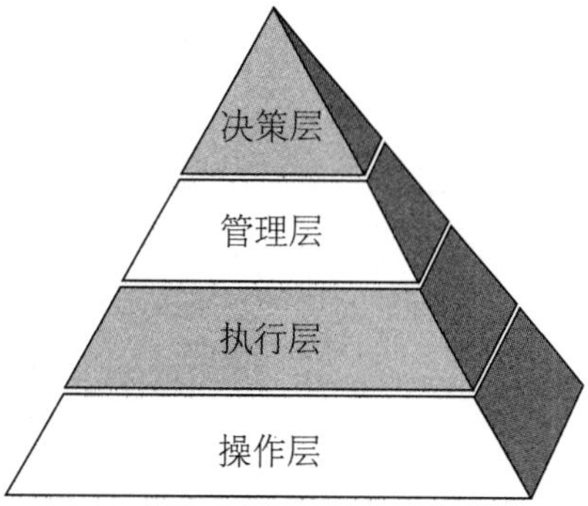

图1-1　酒店组织架构的层次

1.决策层

决策层是由酒店高层管理人员组成，如总经理、副总经理和总经理助理等。这一层的人员，其主要职责是对酒店的主要经营管理活动进行决策和宏观控制，对酒店重要发展战略和产业经营目标进行研究并组织实施。

2.管理层

管理层是由酒店中层管理人员组成，如各部门经理、经理助理、行政总厨等，他们的主要职责是按照决策层制定的经营管理政策，具体安排本部门的日常工作，管理层在酒店中起着承上启下的作用，他们是完成酒店经营目标的直接责任者。

3.执行层

执行层由酒店中担任基层管理岗位的员工组成，如主管、领班、值班长等。执行层人员的主要职责是执行部门制订的工作计划，指导操作层员工完成具体的工作，他们直接参与酒店服务工作和日常检查、监督工作，保证酒店经营管理活动正常进行。

4.操作层

操作层包括酒店的一线服务人员，如迎宾员、厨师、服务员等。操作层员工的职责是根据部门指令为顾客提供标准化、规范化服务。

二、组织架构的设计理念

酒店组织架构是酒店全体员工为实现企业目标，在工作中进行协作，在职务范围、责任、权力方面所形成的架构体系。这个架构体系主要包括：职能架构、层次架构、部门架构和职权架构。

酒店组织架构设计的基本理念如图1-2所示。

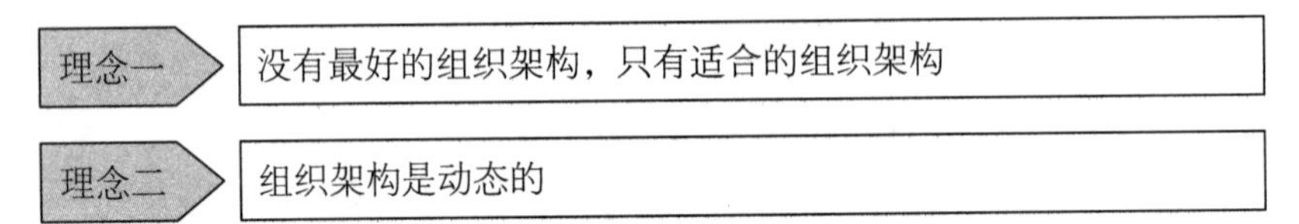

图1-2 酒店组织架构的设计理念

三、组织架构的设计要求

酒店的组织架构要实用，要符合酒店的实际情况，要与整个酒店的管理模式相适应。设计酒店组织架构时应考虑图1-3所示的几个因素。

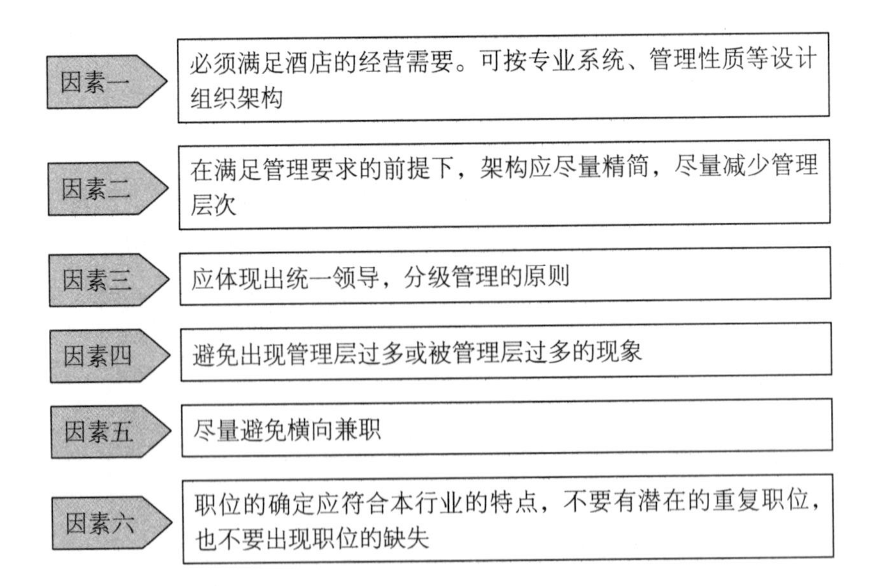

图1-3 设计组织架构时应考虑的因素

四、组织架构的设计步骤

组织架构是表明组织各部分排列顺序、空间位置、聚散状态、联系方式，以及各要素之间相互关系的一种模式，是整个管理系统的框架。本着“市场—战略—结构”的原则，酒店可以按图1-4所示的步骤进行组织架构设计。

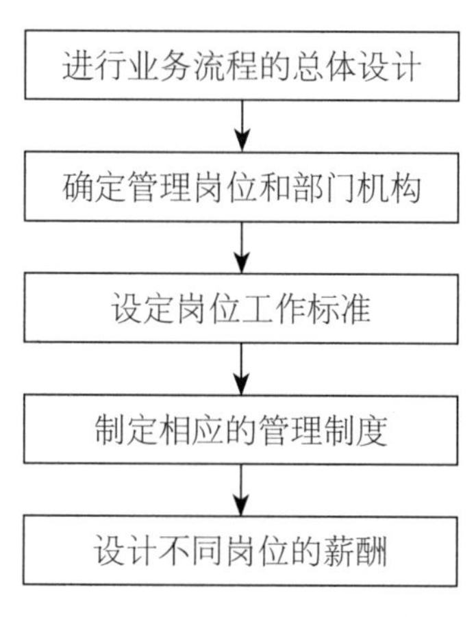

图1-4　组织架构的设计步骤

1.进行业务流程的总体设计

首先要围绕酒店的战略目标、市场定位和产品定位进行业务流程的总体设计，并使流程达到最优化，这是酒店组织架构设计的出发点与归宿点，也是检验酒店组织架构设计成功与否的根本标准。

2.确定管理岗位和部门机构

按照优化后的业务流程，根据服务岗位的数量和专业化分工的原则来确定管理岗位和部门机构，它们是组织架构的基本单位。

酒店一般选择以层级管理为基础的业务区域制、直线职能制为主要的组织架构形式。部门机构和管理岗位是为酒店的经营管理目标服务的，它不是永恒不变的。经营管理目标变了，部门机构和管理岗位也应作出相应的变化，这也是人们常说的“因事设岗”。

3.设定岗位工作标准

设定岗位工作标准，即要对每个岗位进行工作目标与工作任务分析，规定每个岗位的职责、内容、作业程序等标准。用技术标准说明书、岗位说明书、项目核检表等形式把这些内容固定下来，然后按照岗位工作的需要确定相应的人员编制，尤其要确定岗位对人员的素质要求，因为这直接影响着人员的工作效率与事业发展，也就是人们常说的“因岗设人”。

小提示

如果某个管理者的素质和能力不再适应其岗位要求，就应该让其他有更高素质和能力的人来就任此岗位。在现实中，管理者要做到“能上能下”。

4. 制定相应的管理制度

管理制度是指为了实现组织目标而制定的一系列规范、程序和方法。它是组织内部各种规则和规定的有机结合，确保组织中能够有序、规范地开展工作。管理制度起到统筹协调、规范管理、提高效率的作用。管理制度影响组织架构的建立和发展，而组织架构则为管理制度的实施提供必要的支持。管理制度在建立时要充分考虑组织架构的需求和特点，以确保制度可以在组织中得到有效运用。同时，组织架构是管理制度的载体，只有在合理的组织架构下，管理制度才能发挥其应有的作用。如果说前面三个步骤制造了组织结构中单独的“标准件”的话，那么，各项管理制度则是一个整体的酒不可缺少的“连接件”。

5. 设计不同岗位的薪酬

酒店要规定各岗位人员的职务工资和奖励工资，总的原则是根据各岗位在业务流程中的重要程度、对人员的素质与能力的要求、任务轻重、劳动强度大小、技术复杂程度、工作难易程度、环境条件差异、风险程度大小等指标，运用边际生产力理论来设计各岗位人员的薪酬差别。

薪酬不是固定的，若岗位工作内容或企业经济效益变了，各岗位的薪酬也要做相应的调整。这就是人们常说的“酬金能高能低”。

下面是几份不同规模酒店的组织架构范本，仅供参考。

范本

四星级、五星级酒店组织架构

四星级、五星级酒店对管理与服务的要求比较高，分工比较细，因而部门设置通常比较齐全，如下图所示。

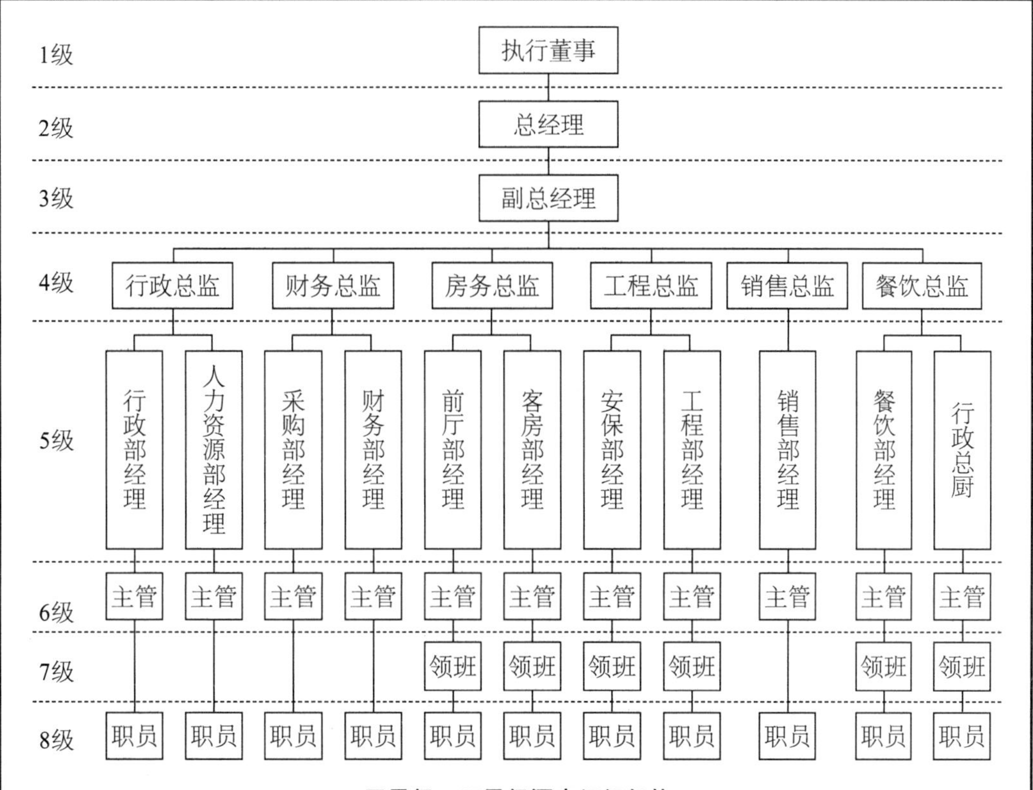

四星级、五星级酒店组织架构

二星级、三星级酒店组织架构

相较于四星级、五星级酒店，二星级、三星级酒店对服务与管理的要求没有那么高，业务范围也没有那么广，所以，部门设置也相对比较简单，如下图所示。

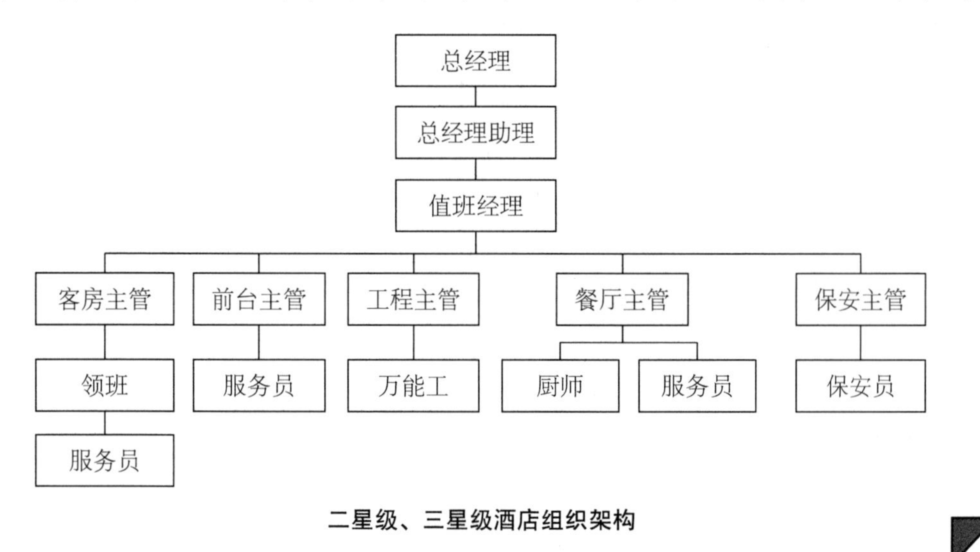

二星级、三星级酒店组织架构

第二节　员工招聘管理

酒店服务业是一个劳动密集型行业，是完全靠“人”提供服务产品的行业，招聘工作的成功与否，将直接影响酒店今后的服务水平和经营发展。因此，酒店经理要做好招聘管理，多渠道，多形式地招贤纳士，建立起一支满足酒店经营和管理需要的员工队伍。

一、制订详细的招聘方案

在招聘工作实施之前，酒店应该制订详细的招聘方案，对招聘的时间、招聘岗位、招聘要求、招聘流程和招聘方法做出科学的规划，使招聘人员对招聘目标了如指掌，从而提高招聘效率和收获较好的招聘效果，提高招聘成功率，以避免重新招聘带来的麻烦。

二、选择科学的招聘方法

不同岗位员工的胜任力特征有所差异，所以对于不同岗位，酒店在招聘方法上应有所区别，选择合适的招聘方法能够避免不必要的费用支出，从而降低招聘费用。

有研究表明，对于技术人员（如工程部维修人员等）的招聘，招聘结果与操作成绩的相关系数较大；而对于客服中心文员招聘，招聘结果与笔试和面试综合成绩的相关系数较大。

三、选择合适的招聘渠道

酒店的招聘渠道主要分为两种：直接招聘渠道和间接招聘渠道，其中直接招聘渠道主要包括校园招聘和人才专场招聘；间接招聘渠道有委托招聘、猎头招聘、网络招聘（如在58同城、赶集网上招聘等）、媒体招聘等。

主要招聘渠道的对比如表1-1所示。

表 1-1　主要招聘渠道对比

序号	招聘渠道	细分	优点	缺点	整体分析	备注
1	网络招聘	专业人才网络招聘	信息传播范围较广	花费较高	专业人才网络招聘是最常用的招聘形式，招聘信息可以定时定向投放，发布后也可以进行管理，但其费用相对较高	与各大招聘网站的业务员建立良好的合作关系
		企业网站招聘	花费低	网站的点击率低	适用于全国性的大企业或者行业内的知名企业，但一般网站的点击率不会很高	定时更新
		在相关论坛、微信群、QQ群发招聘信息等	人员多，信息传达速度比较快	需要一定的人力和时间，诚信度不是很高	如果其他渠道效果不好，可以使用此种招聘方式	一般只发布职位信息不发布公司信息，留下简历投递方式即可
2	校园招聘	校企联合专场	参与人数多，能提高企业知名度	花费较高	最好在校方组织招聘会前举行	根据公司特点找几家适合的学校，并和相关专业就业办负责人保持良好关系
		学校组织的招聘会	花费较低，信誉度等方面都有保障	竞争力比较大，参加招聘会的其他企业也在招人	时刻保持与校方就业办的联系，随时准备参加	
3	现场招聘	大型招聘会、人才市场现场招聘	总体上效率比较高，可以快速淘汰不合格人员，控制应聘者的数量和质量	受展会主办方宣传推广力度的影响，求职者的数量和质量难以有效保证	常用于招聘一般型人才	与负责招聘会的人员保持良好的合作关系，以获得比较好的展会位置

续表

序号	招聘渠道	细分	优点	缺点	整体分析	备注
4	猎头、外包、培训公司招聘	猎头公司招聘	能在短期内快速、主动、定向寻找所需人才	收费比较高，通常为被招聘对象年薪的20%～30%	猎头主要面向的对象是企业中高层管理人员和企业需要的特殊人才	慎重审核简历的真实性及期望工资的现实性
		外包公司招聘	能在短期内快速、主动找到企业所需人才	员工劳动关系属于外包公司，工作时缺乏主人翁精神，流动性大，稳定性差	主要适用于大量中层或基层人员（有一定社会经验）的招聘，特别是在年底等特殊时期能保证人员的及时上岗	与相关公司保持良好的合作关系，以备在特殊时期能保证人员上岗
		培训公司招聘	毕业生经过简单培训就能上岗	虽能立刻上岗工作，但是理论基础不深、不适合培养成骨干人员	适用于对技术含量要求不高的职位	
5	内部招聘	内部竞聘	有利于增加员工的主观能动性	人员供给的数量有限，易“近亲繁殖”，形成派系	通常这种方式用于那些对人员忠诚度比较高，重要且应熟悉企业情况的岗位	为避免“近亲繁殖”，相互间有关系的人员应该分配到不同体系就职
		员工推荐	招聘成本小，应聘人员与现有员工之间存在一定的关联性	选择面较窄，难以招到能力出众、特别优异的人才	适合人才需求不是太大的中小型酒店	

四、发布有效的招聘信息

在选择了合适的招聘渠道后，酒店在信息发布方面要做好两点工作。

1. 要明确招聘重点

在将招聘信息对外发布时，酒店需要根据不同职位对人员需求的轻重缓急来确定每次招聘活动的重点，为招聘活动确定一个核心职位。

2. 重点职位要突出显示

一般来讲，酒店发布招聘信息的第一层目的是吸引求职者眼球，那怎样才能吸引求职者眼球呢？可以将重点职位进行突出显示，在确定了整个招聘活动的重点和核心职位后，酒店就需要在排版时对这些职位信息进行突出显示，如放大职位需求信息、加“急聘”二字等，总之，要使这些职位信息能够达到突出、个性、差异的效果。

第三节　员工培训管理

员工培训工作的开展对提升酒店竞争力、凝聚力至关重要。不同类型的员工培训，其具体的培训工作内容要根据培训师及员工的实际情况进行安排。在此，主要介绍实习生培训管理、新员工培训管理及员工交叉培训管理。

一、实习生培训管理

随着自我意识和自我价值感的提高，实习生更加注重个人的发展空间，对岗位培训和职业规划越来越重视。因此，酒店除了做好管理工作外，应加大对实习生的培训力度。

1. 实习初期

实习初期，对于毫无实践经验的实习生来说，完整、规范、系统的初期培训会起到很好的定型作用。入职培训是实习生进入酒店之后接受的第一项培训，通过对酒店的文化、福利待遇、岗位、未来计划等的介绍，使实习生加深对酒店的认识。

2. 实习中期

在实习生进入酒店2～3个月后，在能较为熟练运用本岗位技能的情况下，酒店可为其制订相应的培训计划，如服务销售培训计划、投诉处理培训计划等。因为实习生经过长期的重复练习操作，容易对服务工作产生疲倦，培训可作为工作的调剂，调节实习生的心理状态。

3. 实习评估

实习评估是对实习生工作能力和工作质量的监督与考核。酒店的实习评估内容包括学习能力、工作态度、工作技能、创新意识等。酒店可以通过各项评估指标的变化，了解实习生的工作能力、学习能力以及适应能力，作为转正留用的参考依据。

4. 实行“软”管理

酒店在管理实习生时，应充分发挥精神、道德、情感等要素的作用，对实习生进行柔性管理，也可称为“软”管理。酒店可从以下两个方面对实习生进行“软”管理，具体如图1-5所示。

鼓励管理	微笑管理
实习生处于角色转换期，心理承受能力差、自尊心强。由于对服务技能的掌握还不熟练，心理上不适应，在操作过程中很容易出错，一味地批评责骂，会增加实习生的挫败感，使其失去对工作的信心，变得被动消极。因此，管理人员要对实习生多加鼓励，提高其工作热情	微笑管理的关键在于营造微笑的管理气氛。实习生由于工作经验不足，又欠缺社会实践经验，易受周围环境的影响，各级管理人员应言传身教，采用微笑管理的方式，使实习生耳濡目染，并将微笑带入服务中，提高服务质量，树立酒店的良好形象

图1-5　对实习生的“软”管理

二、新员工培训管理

要想将新员工入职培训工作做好，就必须理清新员工培训的各个步骤，使培训工作系统化与有序化。

1. 培训前的准备

酒店在进行新员工培训前，需要准备好的物品如表1-2所示。

表 1-2　新员工培训前要准备的物品

序号	物品	说明
1	新员工培训资料	培训部应该准备好相关的资料，如酒店的背景资料、酒店产品知识、当地旅游资源知识、酒店员工手册、新员工入职培训课程表、新员工岗位培训检查表、新员工培训教材及酒店相关图片等
2	新员工背景资料	这主要是为培训部门准备的，让培训部门的人员了解培训对象的基本情况，如社会背景、工作阅历、学历水平等，以此来确定培训课时的长短、培训内容的深浅及培训方式等
3	新员工培训前调查问卷	对新员工所关心的培训事宜进行调查，以便能及时解决新员工的疑难问题，使新员工能切实感受到酒店对员工的重视与爱护，从而使员工产生一种归属感和认同感
4	新员工培训日程表	在培训前应给每位新员工提供一份培训日程表，让新员工能主动参与到培训中，如果新员工知道将要培训的课程内容，便会有意识地去提前阅读相关资料，从而将培训的时间缩短
5	签到表	在培训前须打印一份新员工入职培训签到表，将培训项目罗列出来，每上完一节课或在上课前让参加培训的员工签名确认，证明其已接受过该项培训，同时将签到表分期归入培训档案

2. 培训过程控制

在培训时，培训部或培训人员须向人力资源部提供一份受训人员在培训期间的评估表，记录受训人员在受训期间的各种表现及存在的问题，结合培训结束后的考核来对每位新员工进行评估，并就员工的使用给人力资源部提出建议。

3. 培训后的工作

① 新员工入职评估。根据新员工在培训期间的言行举止和表现对其是否适合酒店工作及适合程度进行评判，当然这是综合的评估，也应包括其理论考试成绩在内。

② 培训满意度调查。对受训人员进行不记名的问卷调查，就培训课程设计、培训方式方法、培训时间、培训地点、培训人员对课程的掌握与培训效果等方面进行调查。

③ 培训座谈会。在培训课程结束后召开一次座谈会，让大家坐在一起交流，同时也可收集一些对培训工作的意见与建议，及时解决员工在培训期间碰到的问题，增进大家的沟通和理解。

④ 办理相关手续。当新员工培训考核合格后，培训部会将相关手续转到人力资源部，由人力资源部办理其正式入职的相关手续，如制作工作卡、考勤表等。同时不及格者不予录用。

⑤ 新员工入职培训效果跟踪。新员工入职培训不仅局限于上岗前几天的培训，还

应包括新员工被分配到相关部门后及其转正后。培训部人员要对培训效果进行跟踪与督导，以及对新员工的工作表现进行定期、不定期的抽查、巡查。

【实战工具01】

培训满意度调查表

教师姓名	授课名称	考核内容及计划分值																	
		熟悉授课内容，授课条理清晰			内容准确，授课进程安排合理			能抓住重点，讲清难点			培训师乐于帮助学员解决与培训有关的问题			理论紧密结合行业实际			善于调节培训气氛，激发学员培训热情		
		好	一般	差	好	一般	差	好	一般	差	好	一般	差	好	一般	差	好	一般	差
		20	15	10	20	15	10	15	10	5	15	10	5	15	10	5	15	10	5
	酒店简介																		
	仪容仪表、行为规范																		
	职业生涯规划																		
	电话礼仪																		
	礼貌礼节																		
	酒店基础英语																		
	服务意识																		
	酒店人事政策																		
	消防安全知识																		
	酒店节能降耗																		
关于培训协调及您对此次培训的感受		部门经理对我来参加培训是否同意				培训前我收到了此次培训的通知				此次培训对我的工作有所帮助				此次培训达到了我的要求和期望					
		同意		不同意		同意		不同意		同意		不同意		同意			不同意		
有何意见和建议？（培训需改进的方面）																			

备注：感谢您积极参与此次培训活动，为了提高我们的培训质量，我们希望获得您的宝贵意见，培训师会在分发评估表后向您解释如何填写。请在以上各项考核中根据您的真实感受在选中栏目内打“√”。您所给予的评定意见是保密的，所以我们并不要求您写上姓名。填写完后请交给培训师，谢谢！

三、员工交叉培训管理

员工交叉培训指的是一家酒店的员工到另一家酒店或一个部门员工到另一个部门接受培训。通过交叉培训，员工可以了解其他部门的业务流程，促进部门之间的协调合作，加强酒店服务的一致性。同时，也可为员工实现职业目标提供平台，最终实现一职多能的目标。

1.酒店店外交叉培训

一般大型酒店为了提高员工的技能，学习同行的先进经验，会为员工提供店外交叉培训的机会。

具体来说，酒店店外交叉培训须经部门总监、人力资源部总监、培训部经理以及总经理批准，并在接收酒店有能力接收时才可执行。此外，店外交叉培训不能影响部门日常工作。

① 由培训经理制定全年店外交叉培训的预算。

② 一线部门参与交叉培训的人员应占总参与人数的70%。

③ 由部门经理提名交叉培训的人选，送培训经理、人力资源部总监和总经理批准，并告知希望培训开始的时间。

④ 一般酒店店外交叉培训不能在酒店出租率高于90%的情况下进行。

⑤ 申请获得批准后，培训经理与接收酒店联系培训事宜，包括期望培训开始的时间和结束的时间、食宿安排、培训计划。

⑥ 接收酒店确认后，培训经理为参加交叉培训的员工准备培训合同。

⑦ 如果接收酒店由于各种原因不能安排此次培训，培训经理应建议部门更改培训时间或更换接收酒店。

⑧ 培训经理向参与交叉培训的员工解释交叉培训的政策、意义及注意事项。

⑨ 培训经理负责为参与交叉培训的员工预订机票、火车票，负责员工接送工作。

⑩ 交叉培训结束后一个月内，培训经理负责收集交叉培训报告并组织座谈会交流培训结果。

2.部门间交叉培训

① 人力资源部根据酒店年度交叉培训计划拟订季度交叉培训计划、月度交叉培训计划，组织相关部门进行培训申报。

② 酒店各部门依照申报标准提交部门间交叉培训申请表，报培训部审核。

【实战工具02】

部门间交叉培训申请表

姓名		部门		职务		工号	
文化程度		性别		入职日期	年　月　日		
申请前往培训部门及岗位：							
申请人现实工作表现自我评估（不超过100字）							
申请人所在部门意见				接收培训部门意见			
人力资源部意见				总经理签名			

备注：

1.此表一式三份，申请人所在部门、接收培训部门、人力资源部各存一份。

2.此表必须另附详细的培训计划方为有效，包括培训目的（由申请人所在部门提交）、培训内容、具体安排、训导师、培训地点（由接收培训部门提交）等，最后统一由人力资源部汇总。

3.部门内交叉培训

① 酒店各部门依照申报标准提交部门内交叉培训申请表，报培训部审核。

② 培训部根据申报标准及申报人员现有情况进行审核。审核通过后，组织各申报人所在部门的经理召开交叉培训沟通会议，并制订交叉培训计划交各培训部门。

③ 各部门依照交叉培训计划实施培训。

第四节 员工绩效管理

绩效管理是酒店管理的重要组成部分，对于酒店行业而言，绩效管理工作能够更为真实地反映出员工的工作情况，可以让酒店管理者对酒店的实际经营状况有更为清晰的认知，进而合理地制定后续阶段的发展策略。

一、确定绩效管理的参与者

有许多人认为绩效管理是人力资源部门的事，其实，这是一种误解。实施绩效管理不仅仅是人力资源部门的责任，还是酒店各部门、各级管理者及全体员工的责任。只有全员参与了，才可能达到绩效管理的效果。绩效管理的参与者如图1-6所示。

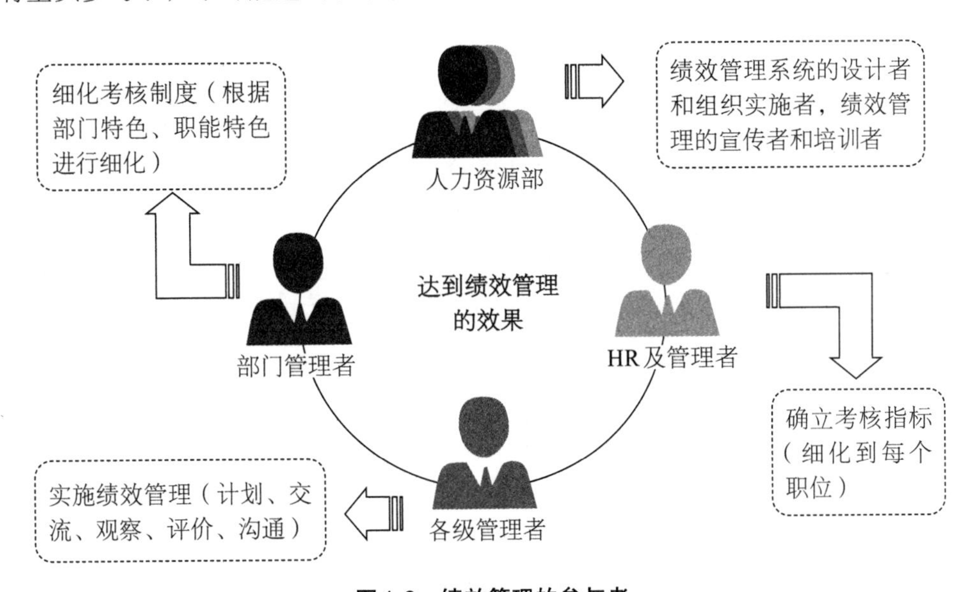

图1-6 绩效管理的参与者

二、确定合适的绩效考核指标

绩效管理中最重要的环节是绩效评价，而绩效评价是通过考核是否达到绩效指标来体现的。绩效考核指标是用来衡量企业、部门或员工绩效的标准，它同时还指明应该从哪些方面对工作进行衡量或评估。

绩效考核指标的框架如图1-7所示。

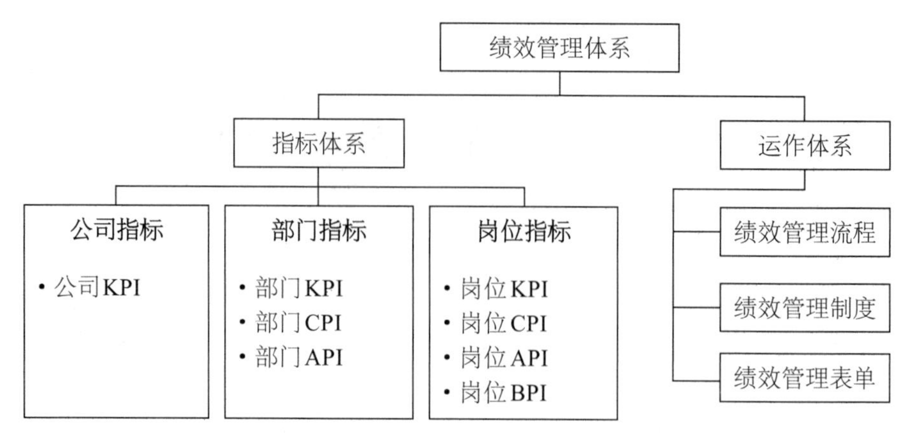

图 1-7　绩效考核指标的框架

1. 绩效指标的类别

绩效指标的类别如表1-3所示。

表 1-3　绩效指标的类别

序号	类别	具体说明
1	KPI	KPI（Key Performance Indicator）又称关键业绩指标，指的是对企业战略目标具有重大影响的绩效指标。KPI指标的类型从时间角度来分有年度和月度之分；从性质来看有机械型、改进型和挑战型之分
2	CPI	CPI（Common Performance Indicator）又称一般业绩指标，是反映企业制度、流程和部门职能执行情况的绩效指标
3	API	API（Appraise Performance Indicator）又称评议指标，是用以反映员工工作态度和能力的绩效指标
4	BPI	BPI（Behaviour Performance Indicator）又称行为规范指标，是对员工响应企业道德准则的奖惩

2. 绩效指标的关系

（1）企业KPI直接来源于企业战略、年度重点工作。

（2）部门KPI来源于企业KPI。部门CPI来源于公司制度、流程和部门职能，部门CPI主要评价履行部门执行基本职责的情况。API衡量部门对外服务的态度和能力情况。

（3）岗位KPI部分来源于部门KPI，部分源于重点工作或改进工作。岗位CPI主要评价履行岗位执行基本职责的情况，岗位API衡量岗位对外服务的态度和能力情况，岗位BPI评价是对员工响应企业道德准则的奖惩。这三个层次指标间的关系如图1-8所示。

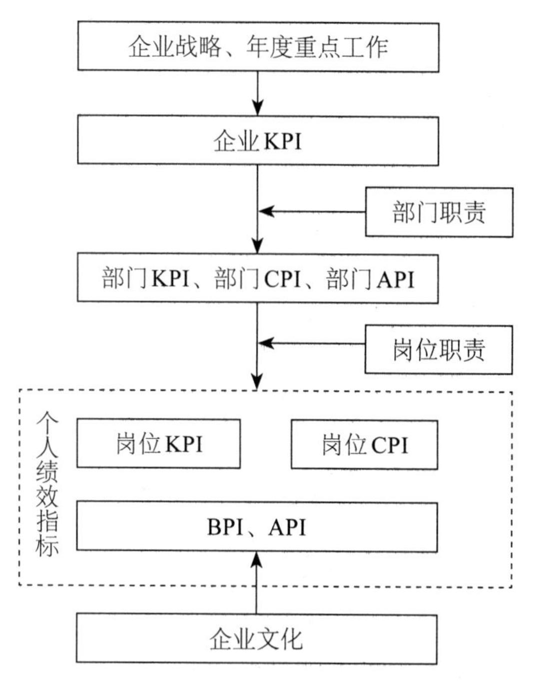

图1-8　三个层次指示间的关系

下面是酒店不同岗位绩效考核表的范本，仅供参考。

范本

前厅部主管绩效考核表

岗位：前厅部主管　　　　　被考核人：　　　　　考核时期：　　年　　月

项目	序号	考核项目	基准目标	分值	达成情况	考核分数
KPI（70%）	1	对客结账差错率	0	10		
	2	预订信息差错率	0	10		
	3	分房准确率	100%	10		
	4	行李运送与保管差错率	0	10		
	5	客人有效投诉数	每月小于2次	10		
	6	紧急事件处理速度	达到酒店规定标准	10		
	7	部门协作满意度	主动配合其他部门工作，态度热情及时反应，出现问题主动协调并解决	10		

续表

项目	序号	考核项目	基准目标	分值	达成情况	考核分数
工作态度（10%）	1	责任感	工作责任感较强，且愿意承担责任	3		
	2	仪容仪表	严格遵守酒店仪容仪表要求，完全符合本酒店标准	2		
	3	礼节礼仪	严格遵守酒店礼节礼仪规范，无不礼貌的行为	2		
	4	工作效率	任何工作都按时保质、保量完成，且从无怨言、牢骚	3		
工作能力（20%）	1	团队协作能力	对部门或他人的工作请求从无怨言、牢骚、畏难情绪	5		
	2	培训能力	能给予下属必要的培训和指导	5		
	3	沟通能力	能虚心倾听他人意见，沟通上从未造成误解	5		
	4	执行力	能把上司的意愿变为现实	5		
总计考核得分						

被考核人确认：　　　　　　　　　　考核人确认：

接待领班绩效考核表

岗位：接待领班　　　　　　被考核人：　　　　　　考核时期：　　年　　月

项目	序号	考核项目	基准目标	分值	达成情况	考核分数
KPI（50%）	1	入住登记手续合格率	100%	7		
	2	房间房卡分发差错率	0	7		
	3	客房营业日报表制作	每日1次	6		
	4	落实预订房间准确率	100%	6		
	5	客房档案建档率	100%	6		
	6	VIP客人档案建档率	100%	6		
	7	客人投诉率	≤0.04%	6		
	8	上岗员工外语合格率	≥80%	3		
	9	环境卫生检查合格率	≥80%	3		

续表

项目	序号	考核项目	基准目标	分值	达成情况	考核分数
工作态度（20%）	1	出勤纪律	无迟到、早退、离岗、串岗、旷工现象	5		
	2	仪容仪表	完全符合酒店仪容仪表标准	5		
	3	礼节礼仪	完全符合酒店礼节礼仪规范，无不礼貌的行为	5		
	4	工作效率	任何工作都按时保质、保量完成，且从无怨言、牢骚	5		
工作能力（30%）	1	主动性	总是能够积极主动、精神饱满地工作	5		
	2	学习能力	按时参加酒店、班组的培训，且培训期间成绩优异无违纪现象	5		
	3	团队协作能力	对部门或他人的工作请求从无怨言、牢骚、畏难情绪	5		
	4	业务技能	熟练掌握岗位业务技能知识，符合酒店的岗位职责标准	5		
	5	培训能力	能给予下属必要的培训和指导	5		
	6	沟通能力	总是虚心倾听他人意见，工作上从不造成误解	5		
总计考核得分						

被考核人确认：　　　　　　　　考核人确认：

接待员绩效考核表

岗位：接待员　　　　　　被考核人：　　　　　　考核时期：　　年　　月

项目	序号	考核项目	基准目标	分值	达成情况	考核分数
KPI（50%）	1	接待服务工作	在（　）分钟内完成接待	7		
	2	对客服务工作	按客人要求分配客房、分发房卡、分房准确率在95%以上	7		

续表

项目	序号	考核项目	基准目标	分值	达成情况	考核分数
KPI（50%）	3	保管登记单	登记单按（ ）要求填写；在（ ）整理并妥善保管登记单，无丢失现象	6		
	4	入住登记手续合格率	100%	6		
	5	客人投诉率	≤0.04%	6		
	6	客房档案建档率	100%	6		
	7	VIP客人档案建档率	100%	6		
	8	外语合格率	≥80%	6		
工作态度（25%）	1	出勤纪律	没有迟到、早退、离岗、串岗、旷工现象	6		
	2	仪容仪表	严格遵守酒店仪容仪表要求，完全符合酒店标准	7		
	3	礼节礼仪	严格遵守酒店礼节礼仪规范，无不礼貌的行为	6		
	4	工作效率	任何工作都按时保质、保量完成，且从无怨言、牢骚	6		
工作能力（25%）	1	主动性	总是能够积极主动、精神饱满地工作	6		
	2	学习能力	按时参加酒店、班组的培训，且培训期间成绩优异，无违纪现象	6		
	3	团队协作能力	对部门或他人的工作请求从无怨言、牢骚、畏难情绪	6		
	4	业务技能	熟练掌握岗位业务技能知识，符合酒店的岗位职责标准	7		
总计考核得分						

被考核人确认：　　　　　　　　　　考核人确认：

三、选择合适的考核者

1. 考核者的组成

绩效考核应由以下五类人员组成考核小组：直接上级、被考核者同事、被考核者本人、被考核者下级和外部人员（用户等）或人力资源部门人员。有时候，需要由几个人共同或分别对相同的对象作出考核。上述五类人员各有其参加考核的优势。

① 直接上级。直接上级是被考核者的上级领导，对被考核者承担管理与监督责任，对被考核者是否能完成任务等工作情况比较了解，而且对被考核者也有较少顾忌，能较客观地进行考核。

② 被考核者同事。同事与被考核者共事，联系密切，比上级更了解被考核者，但他们的考核常受人际关系状况影响。

③ 被考核者本人。让被考核者对自己进行评价，虽然被考核者的抵触情绪少，但通常不客观，会出现自夸现象。

④ 被考核者下级。下级对上级进行评价时因为怕被上级打击、记恨，通常都只会说好话，客观性不强。

⑤ 外部人员。外部人员包括供应商、中间商、消费者、上下游部门、与之有业务关系的员工等。

2. 怎样确定考核人员

具体考核人员由哪些人组成，取决于三种因素：考核的目的、考核的标准、被考核者的类型。

四、确定绩效考核的方法

绩效考核的方法有很多，具体选用哪种方法要看企业属于哪个行业、规模有多大等。下面主要介绍几种适用于酒店管理的绩效考核方法。

1. 目标管理考核法

目标管理考核法是相对成熟的一种绩效考核方法。它是以目标的设置和分解、目标的实施及对目标完成情况的检查为手段，通过员工的自我管理来实现企业经营目的的一种考核方法。其优缺点如图1-9所示。

2. 360度全方位考核法

360度全方位考核法是由与被考核者有密切关系的上级领导、下属、同级同事和外部客户等分别对其进行匿名评价，分管领导再根据评价和评分，结合被考核者的自我评价对其进行考核，并向被考核者提供反馈的考核方法，以帮助被考核者提高能力水平和业绩。其优缺点如图1-10所示。

通过目标的制定和分解使个人和部门的责、权、利明确、促进部门的分工和协作，提高工作效率和业绩；通过上下沟通，实现了全员参与；上下级共同制定的评价标准和目标，能够客观、公正地考核绩效和实施相应的奖惩

管理者使用该方法进行考核时通常会忽略一些不受员工控制而对员工绩效产生影响的因素，如经济周期对销售业绩的影响；没有对工作绩效的所有重要方面进行客观衡量，如考核销售员时只重视销售业绩；引导员工将重心放在会被考核的方面而忽视了其他方面的改进和完善；反馈信息不明

图 1-9　目标管理考核法的优缺点

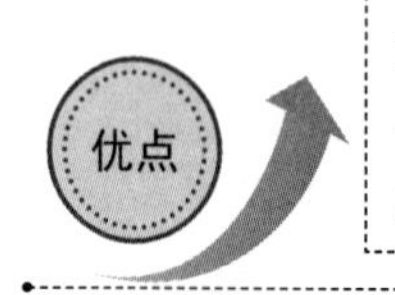

360度全方位考核法分别考核了员工的任务绩效、周边绩效，其结果更加客观和公平；可以引导员工加强与上级领导、同级同事、下属、外部客户的沟通，促进组织和谐健康发展

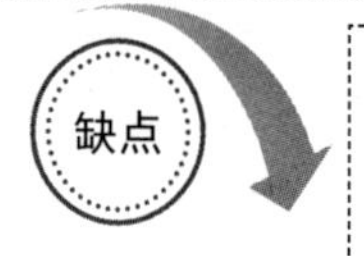

当考核者与被考核者有利益冲突时，考核者就会考虑个人利益得失，考核结果就有可能出现失真。此外，360度全方位考核法需要收集来自不同考核者的大量评价信息，操作比较耗时，而且如何正确筛选和处理这些信息也存在一定的难度

图 1-10　360度全方位考核法的优缺点

3. 强制分布法

强制分布法根据正态分布规律和二八定律以群体的形式对员工进行归类。这种方法要求管理人员将员工按一定比例归入事先定好的不同类别中，例如卓越、优秀、达标、还需改进、很差等。其优缺点如图1-11所示。

容易设计和使用，具有一定的科学性；可以有效地避免过分严厉或过分宽容带来的误差，克服平均主义

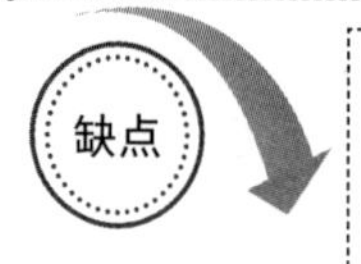

主观性强；无法与组织的战略目标联系在一起；缺乏反馈机制；强制分布法会使管理者根据分布比例的要求而不是员工的绩效表现来归类

图 1-11　强制分布法的优缺点

4. 行为锚定等级考核法

行为锚定等级考核法是一种通过建立与不同绩效水平相联系的行为锚定来对员工绩效进行考核的方法。它收集大量工作中可能发生的关键事件，并确定每一关键事件所代表的绩效水平的等级，以此作为员工绩效的评价标准。其优缺点如图1-12所示。

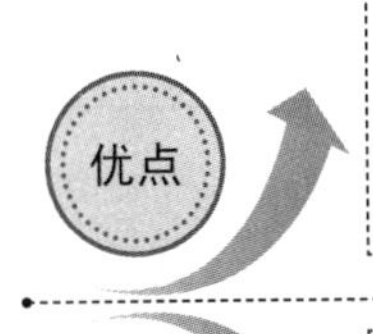

可以向员工传达企业对他们的绩效期望和反馈意见，具有良好的连贯性和较高的可信度；绩效考核标准比较明确

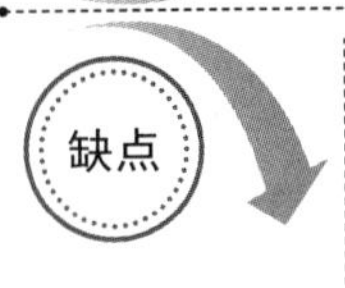

设计锚定标准比较复杂，而且考核某些复杂的工作时，特别是那些工作行为与效果的联系不紧密的工作，管理者容易着眼于对结果进行评定而非依据锚定事件进行考核

图1-12　行为锚定等级考核法的优缺点

5. 绩效考核的方法选择

通常来说，酒店经理在选择绩效考核方法时，可以从以下角度进行考虑。

① 从绩效考核方法本身特性的角度考虑。强制分布法强行将员工的绩效分为好、中、差几个等级，在人数越多的企业或部门中效果越好。

② 从不同岗位的特征考虑。通常来说，基层工作岗位的工作内容比较稳定，工作职责比较简单，绩效标准比较清晰，宜采用目标管理法或者强制分布法来考核。

③ 从绩效考核的操作成本考虑。量化评价的考核成本通常要高于定性评价的，但定性评价又会因为信息传递过程中失真较严重而增加管理运作成本和组织成本。

④ 绩效考核的成本跟酒店规模的大小也有一定的关联。

五、确定绩效考核的周期

通常，在确定绩效考核周期时，要考虑考核目的、考核对象的职务、奖金发放的周期等因素，只有综合考虑到各类因素，才能设计出符合酒店实际的考核周期。

1. 根据考核目的来确定

不同考核目的的绩效考核，其考核间隔的时间是不一样的，如表1-4所示。

表 1-4　不同考核目的的绩效考核的周期

序号	考核目的	考核周期
1	试用期满转正	以试用周期为准，如试用期为一年，则考核周期为一年；若试用期为三个月，则考核周期为三个月
2	绩效薪酬的发放	可分一年、一季度、一月考核一次
3	检查奖励资格	与奖励周期一致
4	能力开发调动配置	按年连续考核
5	续签聘用合同	在合同期限内综合每年考核

2. 根据员工的职务类型来确定

① 对基层操作类员工，其绩效结果有时当天就可以看到，所以考核的周期要相对要短一些。

② 对于管理类和技术类的员工，他们出成果的周期相对长一些，所以，考核的周期也要相对长一些。

3. 根据考核的工作量来确定

如果考核的工作量非常大，而考核周期短的话，其质量就很难保证，这时，考核周期宜长一些；反之，如果工作量不大，则周期可以短一些。

4. 根据奖金的发放周期来确定

如果企业每半年或每一年发放一次奖金，那么，绩效考核的周期与奖金发放的时间要相对应。

第二章

前厅业务管理

前厅部是酒店的一个重要部门，它是整个酒店业务活动的中心，前厅是给客人留下第一印象和最后印象的地方，前厅部员工服务态度和服务质量的好坏直接影响到客人对酒店的印象。

本章思维导图

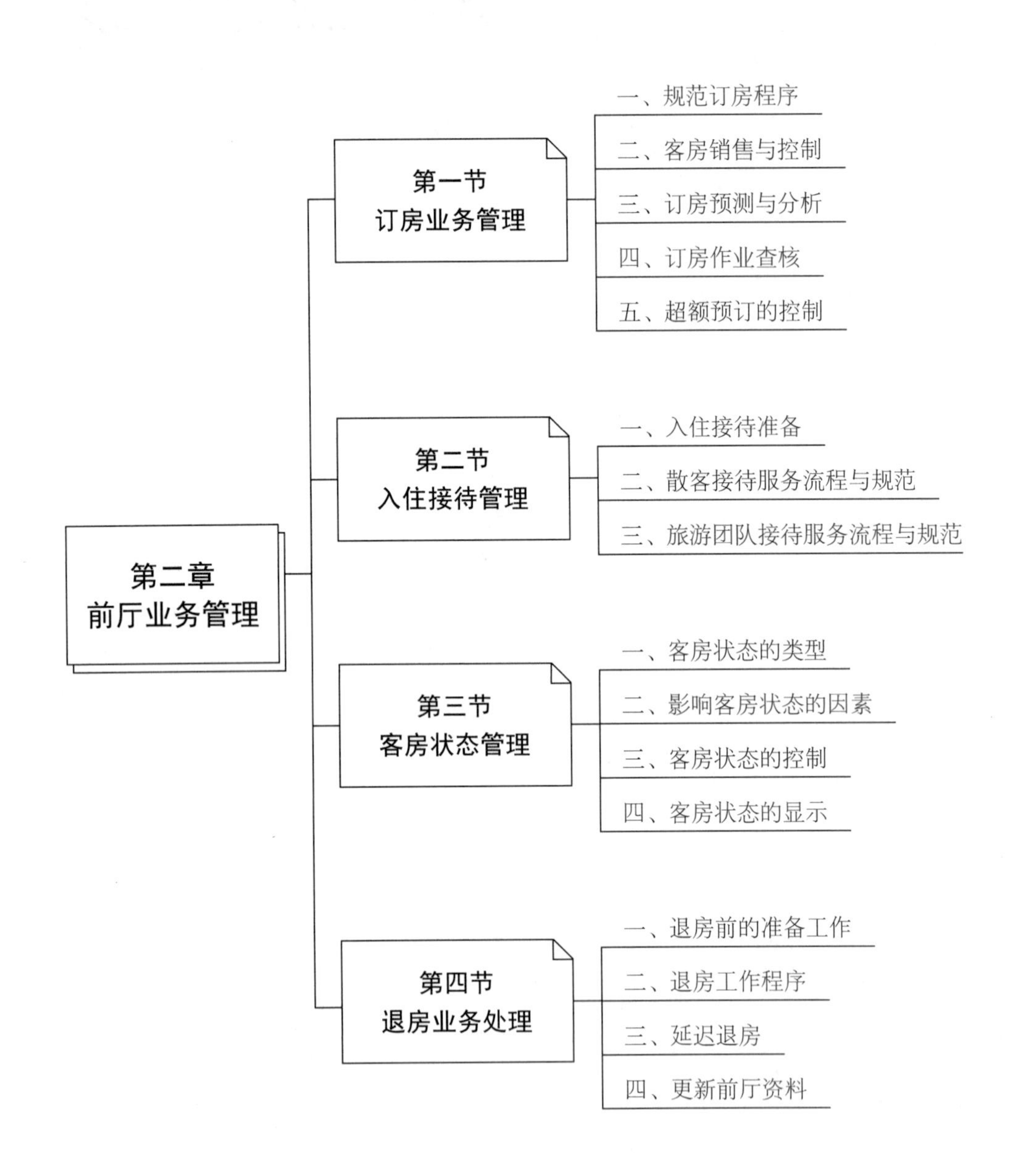

第二章
前厅业务管理
第一节
订房业务管理
一、规范订房程序
二、客房销售与控制
三、订房预测与分析
四、订房作业查核
五、超额预订的控制
第二节
入住接待管理
一、入住接待准备
二、散客接待服务流程与规范
三、旅游团队接待服务流程与规范
第三节
客房状态管理
一、客房状态的类型
二、影响客房状态的因素
三、客房状态的控制
四、客房状态的显示
第四节
退房业务处理
一、退房前的准备工作
二、退房工作程序
三、延迟退房
四、更新前厅资料

第一节　订房业务管理

酒店的收入大部分来自于出租客房间，以及其他设施的使用，所以酒店订房业务管理，是酒店管理极为重要的一环。

一、规范订房程序

不同的酒店可能采取不同的系统和方式来接受预约订房。然而，对于预约订房程序中的基本步骤，所有酒店都是大同小异，具体如图2-1所示。

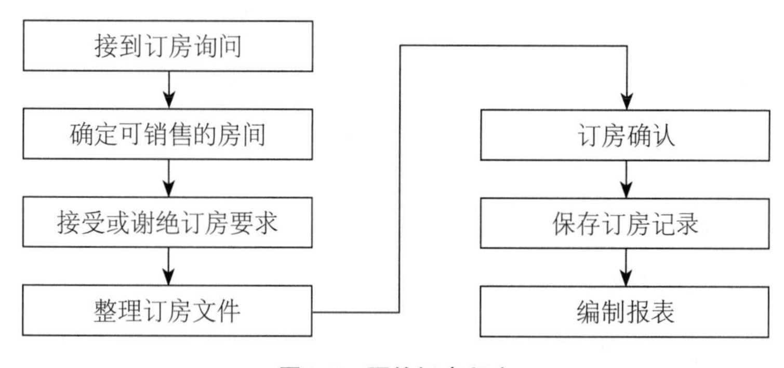

图2-1　预约订房程序

1.接到订房询问

订房人员接到订房询问后的第一步是要了解客人的信息和订房需求，确认是否有空房。

2.确定可销售的房间

订房人员取得客人的信息后，要检查客人所要求的房间的状态在客人预订期间是否为可供使用的空房。应密切监控和核对所有订房系统中的订房数，以避免超额订房。

3.接受或谢绝订房要求

订房人员要确定可售房间的状况，以便判断是否接受（或谢绝）客人的订房要求。如果房间可供销售，客人的订房要求酒店通常都会接受，订房人员需即时将详细资料记录在订房记录表或计算机资料库中。但如果出现图2-2所列的几种情形必须谢绝订房。

情况一 无法在订房日期满足客人特殊的住宿要求

应对客人表示歉意并说明无法满足其要求，试着让他改变要求或变更日期。假如客人不接受，再推荐本集团其他酒店

情况二 酒店已经客满

向客人道歉并说明酒店已经客满，建议客人改变要求、日期或推荐本集团的其他酒店。整理因为客满而被谢绝订房的客人的资料并建档保存

情况三 客人上了黑名单

查看客人是否有不良记录，如果有，则将相关信息提供给接待人员参考

图2-2 须拒绝订房的情形

4. 整理订房文件

（1）订房表格

如果接受客人的订房要求，订房人员应完成订房表格的填写，记录客人需要的所有服务、停留的时间及其他的要求与事项。如果酒店是使用计算机记录信息，订房人员可直接将信息输入计算机里。但不管是手写还是利用计算机记录，记录的要求都是一致的。

从客人那里获得订房的信息后，订房人员应向客人解释保证订房和非保证订房的区别。客人选择保证订房后，订房人员应告知保证订房的预订方法，例如刷信用卡、交纳押金等。

一旦接受了客人的订房要求，记录了订房细节，订房人员必须立即更新可使用房间图表，避免超额订房或遗漏订房。

（2）酒店日志

酒店订房人员在更新可使用房间图表之后，必须将所有订房细节录入酒店日志。

由于酒店需要随时更新客人的资料，所以订房人员必须注意所有的订房细节。日志记录了客人到达的日期，这将有助于为即将到达酒店的客人做一些事前迎接准备，让客人感受到更体贴的服务。

【实战工具03】

酒店日志

到达日期：

房号	客人姓名	客房状态	停留时间	等级和价格	预订方式及预订时间	预约者签名	注意事项

5. 订房确认

订房确认是酒店给客人的一个承诺，也是酒店与客人之间的契约证明。

在确认的过程中，订房人员或者订房组可以为客人分配订房确认号码，并将订房资料输入计算机系统，这代表客人已经预订成功。若订房确认号码被取消，或原始订房资料被修改，则可在系统中留下凭证。因为在大型的酒店常常有较多的短期客人，他们的订房时间距入住时间较短，一般不会再进行确认。

6. 保存订房记录

保存订房记录有两个主要步骤，即订房的文件归档和修改订房的细节记录。

（1）订房文件归档

订房表格或订房卡通常依时间先后顺序排列，如依照客人到达酒店的日期排列。归档时，文件可按以下类别分类。

① 今日到达。客人在特定的日子到达和入住。

② 暂时订房或询问。此类订房不需要酒店去确认，这些订房可能会转变成取消或已订房但客人不出现。

③ 确认订房。此类订房是指客人给出了实际的订房承诺，保证会抵达酒店。

④ 完成订房。客人停留和离开的资料要保留，有助于未来的客房销售。

这些归档的文件资料是酒店经营不可缺少的资料，酒店可从中获得重要信息。

小提示

订房人员必须对信件、备忘录、订房表或值班人员名单进行归档。如果订房信息有变，订房人员必须正确、快速地修改记录。

（2）修改订房细节记录

顾客要求换房或取消订房是常有的事。在这种情况下，订房人员要及时将客房修改或取消表和最初的客房预订表，以及信件进行归档。同时，订房人员也应将可使用房间的显示图及时改正过来。如果出现客人取消订房的情况，订房人员需记录各种细节，以确保订房已取消，并且要通知负责人处理已取消订房。如果有记录和现实不一致的状况发生，订房人员要及时查出并改正错误。取消订房的记录，应包括以下内容。

① 最初订房日期。

② 客人姓名。

③ 取消订房日期。

④ 取消订房客人的姓名。

⑤ 被取消的房号。

⑥ 负责办理订房、取消订房的人员姓名及已经取消的所有详细项目。

7. 编制报表

最后，应把订房的过程记录下来，编成报表。使前厅部能从这些报表中精确地了解和预知酒店房间的出售状况，其他部门也可以利用这些报表来协助规划费用预算。

通过有效的报表，可以了解酒店的需求和潜力。表2-1所列是常见订房报表的种类，这些报表为酒店提供了管理资料和信息，对酒店未来的收入预测及市场销售有很大帮助。

表2-1　常见订房报表

序号	种类	报表作用
1	预计到达和离开客人报表	显示预计到达和离开的客人名单
2	空房报表	显示已出售的客房数量和空房数量
3	团体状态报表	显示团体到达日期和离开酒店的日期，并附团体数量和有无保证人
4	特殊要求报表	此报表显示贵宾的一些特别要求
5	拒绝订房报表	显示被拒绝的订房要求数目
6	收入预测报表	此报表显示根据房间销售估算出的未来收入的状况

二、客房销售与控制

酒店客房与一般商品的特性不同，其商品总数是固定的，没有存货问题，如果当天不销售，即损失一天的利润。为追求最大利润，酒店经理必须做好客房的销售与控制工作。

1. 订房控制的原则

订房控制须遵循表2-2所示的几项原则。

表2-2　订房控制的原则

序号	原则	具体说明
1	订房控制应在接受订房之前	客房销售不能有“存货”或“期货式买卖”，因此每一个房间都必须卖给最有消费潜力的客人或能为酒店带来利润的客人
2	最佳的客房销售	最佳的客房销售，就是在一天结束时无库存（已客满）。如何持续维持高住房率，是酒店营销人员应关注的重点
3	调节性预留	为了方便控制，预先将可销售房间保留一部分，用以在接近客满时平衡订房的自然消长，或满足特殊（突然）的需要。这些房间必须在计算机中及订房控制表上标示，以提醒有关人员注意
4	要预记载、预排	在接受特殊订房后，或在特殊状况将发生时，须在各种记录中作预记载，预先排定房间，以免重复出售或发生错误
5	超额订房与客满	酒店为求客满，在接受订房时酌量超收是必要的，也并非不可计算与控制。通常每天可容许的超收比率是根据订房客人的临时取消率，再参考客人的平均住宿天数确定的。如控制得当，可为酒店争取更多的利润

2. 制定销售策略

制定客房销售策略时，必须先了解市场现况，分析同行业间的营业收入情况，考虑产品的差异、定位，以及业务推广的方式与预算，加产品的包装与宣传（如适时利用节日、假期，或设计特殊活动等），以吸引更多客人光临。

3. 定金制度

使用定金制度时应注意图2-3所示的事项。

4. 淡旺季价格

客房价格可依淡旺季进行调整，这么做也可以增加酒店的附加价值。

事项一	如收取了一日房租的定金，除了双方另有约定外，客人所订的房间应予以保留24小时
事项二	有保证金的订房如欲取消，则应在一定时限之内进行（通常为到达当日下午6:00前，但也可双方另行约定）
事项三	订房一经确认，酒店便须满足客人住房的需求，在房间不足时，酒店必须安排客人转住同级的酒店并代付差额

图2-3　使用定金制度时的注意事项

5.建立住客登记资料

客人住宿登记卡就是客房租约，它具有极重要的法律、服务及作业意义。而客人登记卡除作为合约外，也可作为客人流动户口申报的依据及客人历史资料卡，所以填写必须翔实，必须依照身份证件（本国客人）、护照（外籍客人）上的内容填写。本国客人登记信息应上传旅馆业治安管理信息系统，外籍客人住宿登记卡须24小时内呈报当地公安机关。但客人留宿期间，酒店无权留置其身份证件，登记卡在客人退房后仍作为一般商业合约保存，并可作为客人的历史资料，以供日后销售、服务时参考。

6.以良好的服务进行促销与留住客人

由于前厅的员工无法到外面去做促销，面对的都是已经上门的客人，所以如果要增加客房的销售量，前厅人员要想办法留住客人，或是想办法让客人多消费。为了达到这个目的，每个前厅人员必须了解酒店房间的特色，如大小、色调、设备、景观等，并准确无误地向客人介绍才能有效说服客人。但须切记，绝不可强迫客人接受，尤其是客人面有难色，或有其他友人在场，不好意思拒绝时，否则很容易造成客人事后抱怨或拒付差额的情形。

另外，前厅人员要记住，酒店的每位员工都是业务员，所以前厅人员不只要负责客房的销售，同时也要推销酒店中的其他设施及服务。例如，提醒客人可以在酒店内用餐，并提供订位等相关服务。酒店的每位员工都应了解酒店餐厅的特色服务，才能有效地进行促销。

三、订房预测与分析

预测订房状况时，酒店通常会参考过去的订房和住宿记录、市场信息等，来调整产品结构，拟定出最适合的销售策略。

1. 接受订房

一般酒店在接受订房时应考虑如图2-4所示的因素。

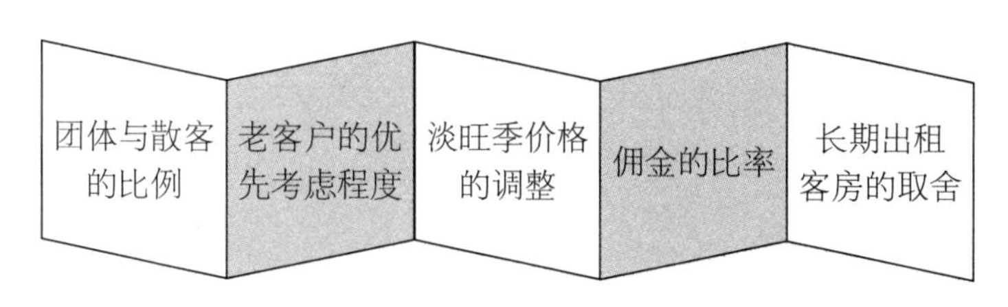

图2-4　接受订房应考虑的因素

2. 佣金、折扣的控制

（1）佣金

佣金是指酒店在交易中用以酬谢中间商的费用，除了另有约定之外，通常为房费的10%。

（2）折扣

折扣是指在淡季或非假日时，为提高住宿率而给予客人的优惠。

3. 订房分析

为了利于客房销售，拟订完善的销售策略，做出正确的客房销售分析，前厅部应定期制作各种订房分析报告，供各相关部门参考，以争取更多客源。报告一般有表2-3所示的几种。

表2-3　订房分析报告的种类

序号	种类	具体说明
1	客人国籍分析报告	从客人的国籍分布，可以了解酒店在各国家、地区的受支持度、各国籍客人平均住宿时间长短及消费习惯等
2	市场分析报告	借此分析报告，可以了解酒店的客人来源及受支持的程度
3	客房接受度分析报告	通过客房接受度分析报告可掌握客人需求，了解何种客房最受客人欢迎，以做适度的设备、客房调整，迎合市场需求
4	业务分析统计	为求切实控制客房销售，每日夜班值班人员将负责进行当日作业复查、账目核对及分析统计。核对邮电、通信收发及入账记录，核对、更新每日客人订房及入住情况，制作每日客房销售分析报告，预估次日客房销售情况及完成其他相关报表

四、订房作业查核

为了确保订房作业无误，应制定一套作业查核方法，具体内容应包括以下几点。

1.查核周期

订房作业查核应定期进行，通常为一月一次。

2.查核重点

查核的重点如图2-5所示。

重点一	接受订房时，是否将客人姓名、联络电话、住宿日期、住宿天数、订房种类、间数、代订者、付款人等各项资料填写齐全
重点二	旅行社订房的订房单上是否有旅行社印章，是否有经办人签字，给予旅行社的折扣优待是否均在授权范围内
重点三	预收订金是否按照酒店规定
重点四	订房人员是否每日将次日入住的客人资料取出，电询其是否能按时入住，并查看是否有客人姓名重复的情形
重点五	当日到达的客人是否经总台接待人员预配房号
重点六	总台接待人员完成排房工作后，是否将订房单、住宿登记表、入住单交给前厅人员录入计算机，并依客人入住日期存档
重点七	订房如有更改，是否由原订人或受托代理人行使变更
重点八	旺季时，订房人员是否向违约客人或旅行社收取违约金

图2-5　订房作业查核重点

3.查核的资料来源

查核的资料来源包括订房记录、客史档案、客房使用记录、住客登记表等。

五、超额预订的控制

超额预订是指酒店在客房已订满的情况下，再适当多接受一些预订，以避免因少数客人临时取消预订而造成的客房闲置现象。目的在于充分利用酒店客房，提高出租率。

1.超额预订数量和幅度控制

超额预订控制的关键，在于掌握超额预订的数量和幅度。

（1）计算公式

为掌握超额预订的数量和幅度，酒店可运用计算公式对其进行核算。其公式如下：

$$X=Q\times r-D\times f$$

其中，X为超额预订量，Q为客房预订量，r为临时取消率，D为预计客人离店后空房数，f为延期住宿率。

比如，某酒店有客房900间，其中长住房150间，根据资料统计分析，预计10月2日客人离店后有空房320间，因进入旅游旺季，被预订客房数780间。另外，据总台历史数据分析，酒店旺季延期住宿率为6%，临时取消率为7%。

超额预订量$X=Q\times r-D\times f=780\times 7\%-320\times 6\%=35.4$（间）

超额预订率＝超订数 ÷ 可订数量 $\times 100\%=35.4\div(900-150)\times 100\%\approx 4.7\%$

（2）控制适当的超额预订比例

一般情况下，酒店将超额预订率控制在5% ～ 15%为宜。但是，客房超额预订操作得不好，也会给酒店带来较大的麻烦，甚至影响酒店的品牌形象，一旦订房的客人全部到店，会使酒店客房供不应求，形成违约，引起客人的投诉和不满。因此，把握好超额预订比例是采用客房超额预订策略的关键。控制适当的超额预订比例的主要方法如表2-4所示。

表2-4　控制适当超额预订比例的主要方法

序号	方法	具体说明
1	加强统计分析	（1）统计分析历年同期预订未到的平均百分比、临时取消的平均百分比、平均提前抵离店和延期抵离店的客人数，据此估计现在的超额预订比例 （2）统计分析历年同期实到人数占订房人数的比例（即到达率，用来估计现在的到达率）
2	了解附近同级酒店的住房情况	附近同级酒店如已客满或接近客满，就应该减少超额预订比例或不进行超额预订；反之则可提高超额预订比例
3	调查分析本酒店在市场上的信誉度	信誉度高的酒店，一般到达率高，所以超额预定比例应该小一些；反之则应多些
4	掌握好团体订房和散客订房的比例	通常情况下，在现有订房中，如果团体订房较多，超额预订比例就应小些；如果散客订房较多，超额预订比例就可大些

续表

序号	方法	具体说明
5	掌握好淡、平、旺季的差别	（1）旺季客房供不应求，客人订房后取消的可能性较小，故超额预订比例应小一些 （2）平季客人订房后取消或更改的可能性比旺季大一些（因为其他酒店可能尚未客满，客人很容易改住其他酒店），故比例应大些 （3）淡季一般不会客满，不会存在超额预订问题
6	掌握好预订提前时间	（1）如果酒店客房在次日订满，实行超额预订就要慎重，因为离客人抵店只有一天时间，客人取消或变更预订的可能性相对较小 （2）如果酒店客房在一个月后订满，超额预订比例就可以高些，因为一个月中客人取消或变更预订的可能性相对较大
7	考虑现有订房中各种订房所占的比例	如果酒店保证类的订房较多，超额预订比例应小些；如果确认类的订房比例较高，超额预订比例应大一些；如果临时性订房的比例较高，超额预订比例应更大些
8	谨慎接受预订	（1）详细了解每一天退房的精确数字，特别是往后三天之内的数字，根据退房数量计算出可用房数，并以此作为基数来接受预订 （2）在接受预订时，应充分了解客人的信息。如问清客人入住酒店的具体时间、到达的航班号（火车车次）及最晚保留时间，并请客人提供一个随时能联系上的通信方式，以估计客人的到达率

超额预订不仅仅是预订数超出酒店可用房数，还有一个房型的匹配问题，所以，总台人员在操作超额预订的当天，首先要做的是房型的匹配，然后才是房数的匹配。如当天的标准房已经超订了很多，但单人房和大床房却无人问津，这就需要总台人员在为客人办理入住时根据实际情况作适当的调整。当客人是一位时，就可以为其安排大床房或建议客人改用单人房。当然，这需要对总台员工的素质、能力、沟通技巧等加以培训。

2. 超额预订过度的补救措施

如果超额预订过度，已订房客人又全部在规定时间到达酒店，酒店会因客满而无法为订房客人提供所预订的房间，这必然引起客人极大的不满，酒店对此应负有全部责任。因而酒店必须积极采取各种补救措施，妥善安排好客人住宿，以消除客人的不满，挽回酒店形象，维护酒店的声誉。

当出现超额预订过度时，酒店可以采取图2-6所示的补救措施。

措施	内容
措施一	客人到店时，由主管人员诚恳地向其解释原因，并赔礼道歉
措施二	与本地区酒店同行加强协作，建立业务联系。一旦超订，可安排客人到与本酒店有业务协作关系的同档次、同类型酒店暂住
措施三	免费派车将客人送到联系好的酒店暂住。如房价超过本酒店，差额部分由本酒店承担
措施四	免费提供长途电话或传真，以便客人将临时改变地址的情况通知有关方面
措施五	将客人的姓名及有关情况记录在问询卡上，以便向客人提供邮件及查询服务
措施六	对属于连住又愿回本店入住的客人先留下其大件行李。次日排房时，优先考虑此类客人的用房安排。一有空房就将客人接回，大堂副理在大堂迎候并致歉，陪同客人办理入住手续
措施七	以贵宾礼遇接待客人，让客人在住店期间享受贵宾待遇
措施八	事后由前厅部的主管人员向提供援助的酒店致谢

图2-6　超额预订过度的补救措施

第二节　入住接待管理

酒店前台接待工作是酒店业务中不可或缺的一部分。通过前台接待员热情周到的服务和专业素养，可以为客人营造良好的入住体验，提升酒店的形象和口碑。

一、入住接待准备

1.掌握基本情况

酒店经理必须掌握的基本情况如图2-7所示。

图2-7　酒店经理必须掌握的基本情况

2. 客人抵达前须完成的事项

（1）资料准备

在客人真正登记或分配房间前，接待人员必须准备好接待客人所需的资料。如可用房间数及房间状态，预定抵达客人名单及离店客人名单，有特殊要求的客人、贵宾及常客名单。

前厅部与客房部必须保持良好的关系。当住房率高时，客房部可以快速整理好房间情况再提供给前厅部参考。

接待人员需要准备的资料具体包括以下几种。

① 客房状态报表。在客人抵达前，接待人员必须拥有客房状态报表，报表可显示出房间的状态是使用中、故障、未整理或可销售。

根据客房状态报表，接待人员可以知道哪些房间已经整理好可以销售，哪些房间无法销售。这类资料对接待人员分配房间非常重要，因为必须保证客人不会被安排到使用中、未整理或故障的房间。

② 预定抵达客人名单。预定抵达客人名单主要是特定日期到达酒店的客人基本资料。

【实战工具04】

预定抵达客人名单

日期：

客人姓名	需求	房价	抵达日期	备注

接待主管要依据预定抵达客人名单与客房状态报表，确定图2-8所示的事项。

图2-8　依据预定抵达客人名单与客房状态报表确定的事项

假如没有足够的房间提供给预定抵达的客人（如超额预订时），接待主管必须寻找附近的酒店给客人住宿。这种因为酒店超额预订客房数量超过酒店可提供的房间数，而没有客房住宿的客人，又称为“外送客人”。在这种情况下，酒店要替客人支付交通费用及超额的房价。

③ 客人历史资料。酒店应保留所有光顾过酒店的客人资料。

当预定抵达客人名单出来之后，接待人员可以查询这些客人的历史资料，看看这些客人之前是否曾入住过本酒店，如果客人曾经入住过，接待人员可以留意客人喜欢的房间，并安排客人居住在该房间，让客人在住宿期间更为满意。

比如，如果有个客人前次住宿时，曾抱怨房间太吵，接待人员应该将这位客人调整到相对安静的房间。如果酒店没有合适的空房可以调整时，就应该提供额外的补偿，如送水果篮等。

又如，酒店的贵宾或常客在抵达时，前厅经理或相关部门的主管应该亲自欢迎，有些客人则需要总经理亲自迎接。

【实战工具05】

客人历史资料

客人姓名				第一次住宿日期			
团体/公司				迄今来店次数			
住址				迄今住房天数			
信用卡				迄今消费总额			
身份证（护照）号码				迄今平均消费额			
房价				注释			
抵达	离开	天数	房号	房价	付款方式	收益	特殊要求

④ 预定抵达客人的特殊要求。有些客人在预订房间时会有特殊的要求或希望有特殊的服务。这时相关部门必须在客人抵达前，按客人的要求准备好房间或服务。

比如，有些客人带小婴儿来住宿，要求房间有一张婴儿床时，接待主管就要安排一间合适的房间给这位客人，并通知客房部在客人抵达前放置一张婴儿床及其他婴儿用品在此房间内。

⑤ 预期抵达的重要客人名单。很多酒店都会为重要客人提供特殊的服务，所以应对重要客人名单有记录。酒店重要客人包括图2-9所示的几类。

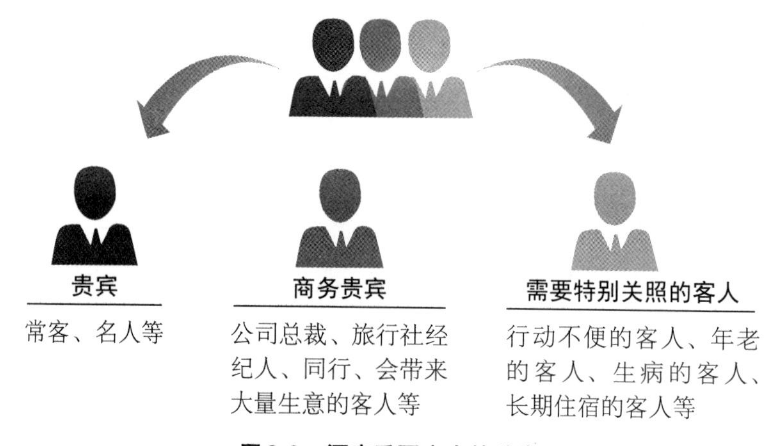

图2-9 酒店重要客人的种类

为了提醒工作人员注意这些重要客人，前厅部要事先将预定抵达的重要客人名单提供给其他相关部门。

【实战工具06】

预期抵达的重要客人名单

日期：

客人姓名	客人资料	入住房型	房价	住宿期	备注

（2）检查房间

如客人有特别的要求，必须安排前厅工作人员在客人未到达前，检查相关部门是否依指示准备好了客人所需的设备或服务，绝不可等到客人入住后再逐项补上。

（3）迎客前的心理准备

预知客人抵达的时间，充分掌握哪些客人会在哪些时段入住，并在客人到达时给予热情的欢迎，让客人感觉酒店期待他的到来。

（4）文件的安排

预先将客人的资料记录到登记卡上，除了方便客人外，也使其有被欢迎的感觉。为表示尊重，对于常客或VIP客人，可事先为其印好私人笺函、名片、信封等，更能增进家外之家的氛围。

（5）确认工作

在客人抵达前一日或数日（大型团体则在数周前），必须再确认客人是否会按时抵达，以确保最高的住房率。

（6）其他准备

除了在入住时收集客人的资料和准备好客人所需的物品和服务外，接待人员也要在客人抵达酒店前进行一些其他的准备工作。

比如，事先准备好登记卡及可使用的房卡或房间钥匙，甚至要检查有无即将抵达的客人的信件。

3.客房分配

（1）排房时机

原则上客房越早排定越好，但在实际作业时，多半于客人到达日当天上午进行；有特殊情况时，可能提前一天或更早。

（2）客房分配顺序

预先为贵宾和团队排房，不仅可以保证客人的需要得到满足，而且可以使客房、餐饮服务等相关业务部门有稳定的工作基础。通常可按下述顺序进行。

① 团队客人。由于团队用房量大，抵店前和离店后会经常出现预留房、待售空房比较集中、数量多等情况，因此要注意采用相对集中排房的原则，尽量避免团队与散客、团队与团队之间的相互干扰，同时也便于行李接送。

② 贵宾和常客。提前将这类客人的房间安排好，并及时通知其他部门和岗位。

③ 已付定金等保证类预订客人。

④ 要求延期续住的客人。

⑤ 普通预订但已告知具体航班、车次及抵店时间的客人。

⑥ 未预订就直接抵店客人。

4. 排房原则

各酒店因其内部格局不同而在排房时各有考虑重点，但一般应遵循如图2-10所示的原则。

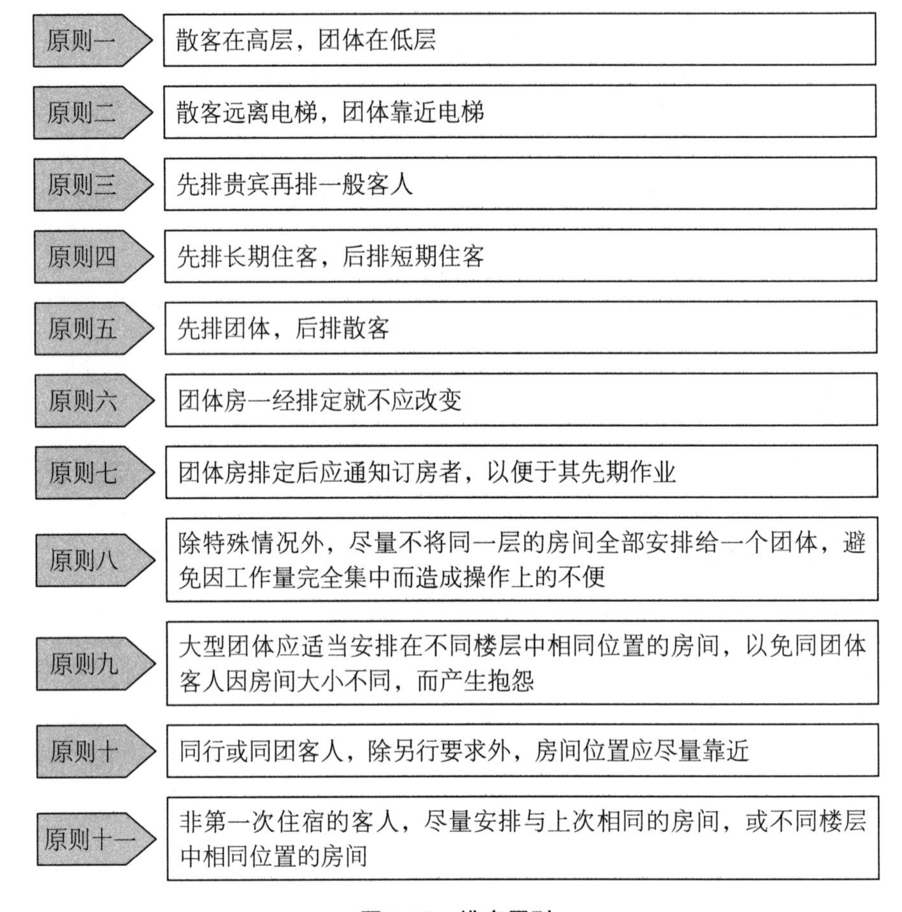

图2-10　排房原则

二、散客接待服务流程与规范

1. 欢迎客人

① 客人进店后，接待员面带微笑地向客人致以问候。获悉客人要住店后，应询问客人有无预订。

② 若客人有预订，询问客人姓名，找出预订单；复述客人的预订房型、数量、离店时间，并与客人核实有无变更。

③ 若客人没有预订，问清客人所需房间类型及有无特殊要求，对于第一次光临酒店的客人，要主动将房价表双手呈递给客人，按由高到低的原则向客人做简单的介绍和推销。客人确认房间类型后，迅速在电脑上查找空房，根据排房原则为客人分配房间，将房号告诉客人并征求客人同意。

2. 登记、验证

① 接待员请客人出示有效证件，检查证件照片和客人本人是否相符；检查证件印章、证件期限是否有效。

② 证件检查完毕后，请客人填写登记表，同时在电脑中选出客人要入住的房间，在房间状况表上标明“OC（已打扫住客房）”，表明该房已出租。

③ 审核客人是否已按入住登记表所列项目将信息填写清楚、完整。

④ 准备好房卡，向客人介绍房间情况、酒店设施及酒店的各种规定。

⑤ 对于已有预订的客人，要检查是否有为其代收的信件或物品，如有应及时转交给客人并办理相关手续。

3. 收取押金

① 接待员询问客人押金支付方式并协助前台收银员收取押金。

② 接待员在入住登记表上写清房价、押金支付方式及数目并签字。

4. 送客进房

① 入住手续办理完毕后，接待员询问客人是否需要其他帮助。

② 若客人需要搬行李，则将房卡交给行李生，由其引领客人进房间。

③ 若客人不需要帮助，用双手将房卡交给客人并告诉其电梯方位。

④ 客人离开时，与客人道别并祝客人入住愉快。

5. 资料存档

① 接待完毕后，接待员按照登记表上填写的内容，准确地将客人信息输入电脑。

② 将登记表放入客人入住档案中，以便随时查询。

三、旅游团队接待服务流程与规范

1. 准备工作

① 旅游团队到达前一天，接待员核对预订处下发的团队接待通知单中的信息，如

发现问题或有任何疑问，应及时联系预订处核实相关内容。

② 核对无误后，按照团队要求的房间数及房型，从空房表中找出房间并做预分房。

③ 将预分房房间号写在团队预分房报表中，分送礼宾处、客房部。

④ 在房态表上注明预分房。

⑤ 按团队的房间号和每间房的人数为每个客人准备房卡，注明客人姓名、房间号、离店日期和团队编号。

⑥ 把房卡装入团队欢迎袋中，信封上注明团队编号和房号，通知客房部做好准备工作。若有客人的留言或信件，也必须放入相应团队欢迎袋中。

2. 到店接待

① 团队到店时，接待员应主动与团队陪同人员联系并询问该团的团号、人数、房数、接待单位，并找出该团的资料。

② 再次向陪同人员核实订房、订餐内容，若有变化，马上在分房表上作出修改。

③ 若团队需要临时增加房间，应尽量满足其要求并就付款事宜联系营销部销售处。

④ 若需减少房间，则通知销售专员确定收费标准。

⑤ 若要求增加陪同房，则按有关规定办理。

3. 入住登记

① 接待员请陪同人员填写入住登记表并检验其有效证件。若是外宾团，请陪同人员出示团体签证；若无团体签证，应请每个客人填写入住登记表。

② 根据团单再次确认团队用房数与房卡是否正确，请陪同人员在团体入住登记表上签字。

③ 将团队欢迎袋交给陪同人员并协助其分房。在分房期间，在电脑中将该团所住房间改为住客房状态，并通知楼层管理员和礼宾处该团已到达。

④ 请陪同人员确认团队的叫醒时间、出行李时间、用餐时间、有无特别要求、陪同人员房号及联系电话等，并请其在团队入住通知单上签字。

⑤ 告知客人用餐地点。

⑥ 请陪同人员提示客人将贵重物品寄存在酒店保险箱内。

⑦ 通知行李生迅速引领客人进房间。

4. 下发团队入住通知单

① 接待员将团队资料输入电脑，打印团队住客名册表，检查表上信息是否正确，然后在表上签字。

② 将团队入住通知单下发到礼宾处、总机、餐饮部、客房部和收银处，其原件留存前台备查。

第三节 客房状态管理

正确控制客房状态，主要是为了有效地销售客房。无论酒店经理所在的酒店采用何种客房状态控制系统，都要加强房态变更、转换控制，保持总台接待、收银、预订与客房部之间的信息沟通及协作，提高客户服务的效率和质量。

一、客房状态的类型

常见的客房状态种类如表2-5所示。

表2-5 客房状态种类

序号	客房状态	具体说明
1	VC（Vacant Clean）	已打扫空房/可卖房
2	VD（Vacant Dirty）	走客房/未打扫空房
3	OC（Occupied Clean）	已打扫住客房
4	OD（Occupied Dirty）	未打扫住客房
5	DND（Do Not Disturb）	请勿打扰房
6	OS（Out of Service）	无法使用房
7	OOO（Out of Order）	维修房
8	ECO（Expectative Check Out）	预退房
9	D/L（Double Lock）	双锁房
10	VIP（Very Important Person）	重要客人（贵宾）房

二、影响客房状态的因素

客房状态因排房，客人入住、换房、退房，楼层关闭、维修等因素不断地变化，前厅接待人员应随时、准确地掌握这些变动信息，及时变更客房状态并向各部门传递变化信息。影响客房状态的因素如表2-6所示。

表2-6　影响客房状态的因素

序号	影响因素	处理对策
1	排房	为了减少客人办理入住登记的时间，前台接待员可为已订房的客人提前做好排房工作，已预排好的客房应将客房状态转换到保留房状态。有必要时应提前一天完成排房工作并把接待要求以书面形式通知有关部门
2	入住	客人入住后，前台接待员应及时将保留房或空房状态转换为住客房状态，并及时通知客房部
3	换房	换房可能是客人的意愿，也可能是酒店的要求。不论是哪一种，换房一旦发生，应及时将客人搬出的客房由住客房状态转换成走客房状态，将客人搬进的客房由空房状态转换成住客房状态。接待员还应开具客房变更通知单并下发有关部门，作为换房、转换房态的凭证
4	退房	前台接待员在接到客人退房离店信息后，应及时将住客房状态转换成走客房状态，并通知客房部
5	维修	客房因设施、设备损坏需要维修而暂时不能销售时，客房部应及时通知前台将此房转换到维修房状态，前台等得到客房部的恢复通知后再及时取消
6	关闭楼层	在淡季，由于出租率下降，酒店为节约能源，减少成本或利用淡季改造、维修、保养客房，常采用相对集中的排房方式，关闭一些楼层的措施。此时，前厅根据酒店规定，将关闭楼层的客房转换到保留房或无法使用房状态

三、客房状态的控制

对客房状态进行有效的控制，能极大地提高排房、定价的效率和受理预订的决策能力，同时为酒店管理部门提供了分析客房销售状况的依据。对于已经使用计算机管理系统的酒店，控制客房状态比较容易，其客房状态的变更和转换过程是实时和自动的，屏幕显示一目了然；而对于未使用计算机系统，通过人力进行管理的酒店，控制客房状态则难得多，须加强措施的控制。具体措施如表2-7所示。

表2-7　控制房态的措施

控制措施		操作步骤
制作客房控制表格	客房状态表	（1）酒店可根据自身的管理特点，制作能满足自己酒店管理需要的客房状态表 （2）接待员可依据客房状态架上所显示的客房状态、客人的预订资料、客房部的客房自然状态报告，每日定时填写客房状态表，来确定酒店的客房现状和预订状况 （3）已使用计算机管理系统的酒店可直接由计算机打印出相关的统计资料

续表

控制措施		操作步骤
制作客房控制表格	客房状态异常表	（1）客房状态差异表是用来记录前厅部统计的客房状态与客房部统计的自然状态不一致之处的表格。此表由接待员在核对客房部的客房自然状态报告后填写 （2）客房部服务员每天至少两次（早、晚各一次）将客房自然状态报告送至前台 （3）前台接待员应仔细将报告上每一间客房的状态与前台统计的客房状态进行核对，将出现差异的客房填写在客房状态差异表上 （4）客房部和前厅部的管理人员亲自检查差异的原因，及时采取相应的措施加以纠正，确保客房状态准确
保证良好的房态信息沟通	做好营销部、预订处、接待处之间的信息沟通	（1）营销部应将团队、会议、长住客人等订房情况及时通知前厅预订处 （2）预订处、接待处应将零星的散客订房情况和住房情况及时通知营销部 （3）接待处应每天将实际到店客人数、实际离店客人数、提前离店客人数、近期离店客人数、临时取消客人数、预订但未抵店客人数及时通知预订处，预订处根据所报信息及时更新预订状况表
	做好客房部、接待处、收银处之间的信息沟通	（1）接待处应将客人入住、换房、离店等信息及时通知客房部，客房部则应将客房的实际状态通知接待处，以便核对和控制客房状态 （2）客人入住后，接待员应及时建立客账，以便收银记账 （3）客人入住期间，如要求换房，接待员应及时将换房通知单递交收银处 （4）客人离店后，收银处应及时将离店信息通知接待处，以便其及时调整客房状态

四、客房状态的显示

前厅部记录的客房状态与客房部查房结果不相符的情况叫作客房状态差异。客房状态差异可归纳为两种：一种是“Skippers”，指前厅部的客房状态记录显示为住客房，而客房部的客房状态记录显示为空房；另一种是“Sleeper”，指前厅部的客房状态记录显示为走客房或空房，而客房部的客房状态记录显示为住客房。

1. 产生客房状态差异的原因

产生客房状态差异的原因如图2-11所示。

2. 确保正确显示客房状态的措施

确保正确显示客房状态的措施如表2-8所示。

原因一 客人入住后，前厅部未能及时将空房转换成住客房

原因二 客人结账离店后，前厅部未能及时将住客房转换成走客房

原因三 客人未登记，前厅部的记录显示为空房，而客房部的记录显示为住客房

原因四 客人离店时，前厅部未收回房间钥匙或房卡，使客人再次返回房间，这时客房部的记录显示为住客房而前台已将房态转换成走客房

原因五 客人提前结账，但并未退房，前厅部就将此房转换成走客房

原因六 客人已换房，但前厅部未及时将房态进行调整

原因七 给错客人房间钥匙，使客人误进其他客房，而客人进入的客房房态为空房

图2-11　产生客房状态差异的原因

表2-8　确保正确显示房态的措施

序号	措施	具体说明
1	完善客房状态转换检查程序	前厅部接待人员必须在客人登记、结账、换房后迅速、及时地变更客房状态；健全客房状态多级检查、核对、确认程序；管理人员每天至少两次定时核对前厅部和客房部的客房状态报告
2	加强员工业务技能培训	对员工进行有关客房状态显示业务的知识和技能培训，确保每位员工了解各种客房状态的含义、客房状态转换方法及客房状态差异对服务与管理的影响，避免出现差错
3	加强检查督导	管理人员要加强对员工工作的检查、督导，及时发现和预防因员工的工作失误而造成的客房状态差异，以保证客房状态的正确显示

第四节　退房业务处理

客人退房时，各部门尤其是前厅部工作的好坏，将直接影响客人对酒店的印象，就如入住时一样，各部门都要协调、配合好，努力让客人留下好印象，争取让客人成为回头客。

一、退房前的准备工作

客人离店时总是希望退房手续简便、高效快捷，这也是酒店高质量服务的内容之一。为了达到这一目标，在客人离店前，有关人员应该做好以下准备工作。

1. 开房员的准备

开房员每天必须根据入住登记表逐一核查次日预期离店客人的情况，制作次日预期离店客人名单并交收银处。名单按房号顺序排列，并列明客人姓名、入住日期等，同时还应该送交客房部、总机、收银处问询处、行李组等有关部门。

【实战工具07】

次日预期离店客人名单

预期离店日期			
房号	姓名	入住日期	备注

制表人：　　　　　　　　　　　　日期：

2. 收银员的准备

客人入住后，收银员应每日累计账款。在接到次日预期离店客人名单后，收银员应该将这些客人的账单结算好待用。

3. 问询员的准备

问询员在客人离店前需要仔细检查客人的信件及留言，并及时递送到客人手中；如果客人外出，则应该将信件、留言放入该客人房间钥匙存放架中，以便及时交给客人。

4. 行李员的准备

行李组接到客人离店并要求搬运行李的通知时，行李组领班必须核对清楚客人姓名、房号、行李件数，以及客人要求搬运行李的时间，安排行李员准时上楼帮助客人。行李员应该提前通知行李专梯做好准备，备好行李车，填好散客离店行李登记表。

【实战工具08】

散客离店行李登记表

房号	客人姓名	收取行李的行李员	收到行李时间	行李件数	客人离开时间	是否结账	送客行李员	备注

如果是团队（会议）客人离店，则行李组领班必须安排多名行李员，并按楼层依次收验行李。收验时，要逐一查看每件行李上的行李标签，核对团体名称、客人姓名、行李件数，并填写团体离店行李登记表。装车运送时，应该“同楼同车、同团同车”，切勿混装。一次拿不完的行李，要派专人看管，并用网绳盖好或绑好。

【实战工具09】

团体离店行李登记表

团体名称		人数		入店时间		离店时间	
	时间	总件数	酒店行李员		领班	行李押送员	车号
入店							
离店							
序号	入店件数			离店件数			备注
	行李箱	行李包	其他	行李箱	行李包	其他	

5. 总机人员的准备

总机人员接到次日预期离店客人名单时，应该完成以下两件准备工作。

① 查看名单中客人有无电话费未交或未记账的，如果有，应立即通知收银台。

② 查看名单中客人有无预订叫醒服务，如果客人无预订，应该主动打电话询问客人什么时候离开，是否需要提供叫醒服务，以示关心；如果客人预订了叫醒服务，则应该遵照执行。

二、退房工作程序

基本的退房工作程序如图2-12所示。

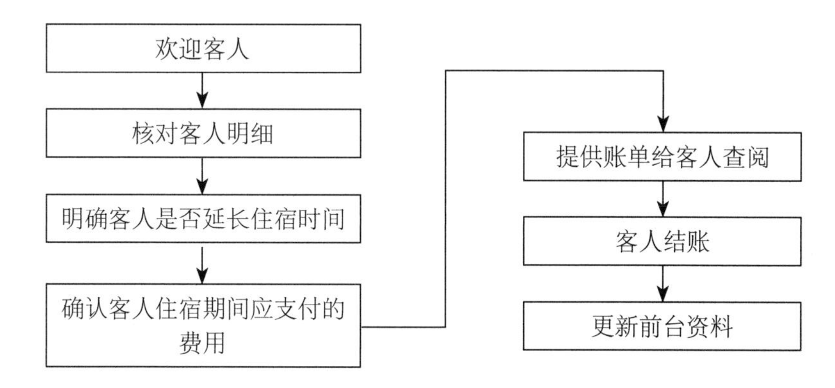

图2-12　基本的退房工作流程

退房的工作要求如下。

① 欢迎客人。面带微笑，向客人问好，并试着记住客人的名字以显示出对客人的重视。

② 核对客人明细（如姓名、房号等）。

③ 确认客人离店日期。如果客人比预期日期早离开，要通知其他相关部门。

④ 确认客人是否延迟退房。当不是常客的客人超过退房时间（即中午12:00）离开时，要将超时费用记录在客人账单中。

⑤ 确认客人住宿期间应支付的费用。这部分的费用包括房费、电话费、餐点费、房间冰箱内的饮料费等。

⑥ 提供主要账单给客人查阅。对客人要有耐心，要以良好的态度给客人留下好印象。

⑦ 客人结账。

⑧ 客人离开前要回收客人的钥匙，询问客人是否已将保险箱里的东西提领出来。

⑨ 行李员帮客人整理行李。

⑩ 询问客人在近期有无订房的计划。

⑪ 更新前厅资料。需要立即更新的是客房状态表和住宿表，以供其他相关部门了解目前的房间状态及客人情况。

三、延迟退房

当前厅接到客人延迟退房的要求时，必须马上将延迟退房所需要支付的费用纳入客人的账单。大部分酒店都会要求客人在10:00 ～ 12:00退房，酒店也会将这类信息放在客房的简介中。如超过退房时间，客人还没有退房，就要支付延迟退房费用。为了避免事后酒店与客人之间发生争执，接待员应事先询问客人预期退房的时间，并知会客人如果延迟退房，酒店会额外加收房费。

有时酒店规定的退房时间对团体客人来说，执行起来会有点困难，因为以旅游为主的客人大多会享受度假的每分每秒，如果他们的旅游车在16:00才会离开酒店，团体客人就不希望在12:00退房。如果遇到这样的情况，酒店通常会派人帮团体客人看管行李，并提供一间免费的房间招待团体客人。这样的安排，除了让团体客人有地方可以休息之外，还可以尽快将团体客人的房间空出来给后面入住的客人使用。

四、更新前厅资料

当客人退房后，房间会空出，可以再出租给其他客人，这时，前厅档案中的住房状态表也要及时更新。

在酒店前厅计算机系统中，房间状态表会自动更新，当客人退房后，计算机会自动将房间转成未打扫空房，客人的姓名也会自动由住宿名单转到退房名单中，且客人的账单也会转到历史资料中。其中，客人的登记表要依规定保留12个月。

第三章

酒店客房管理

客房部在酒店中有着极其重要的地位，客房出租是酒店经济收入的主要来源。酒店要想越做越好，就要注重客房服务管理，引导员工做好服务工作，客人才会满意。

本章思维导图

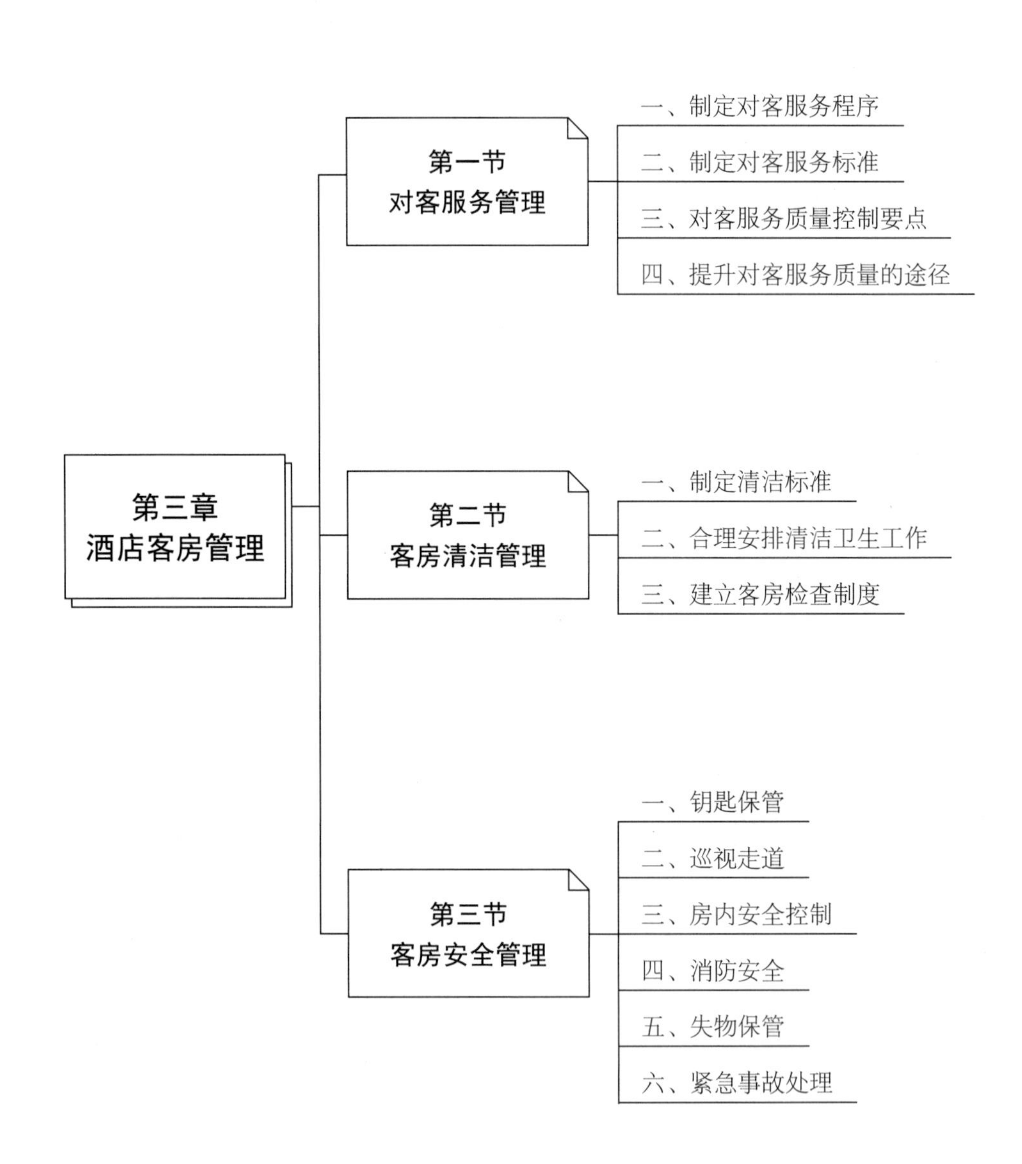

第三章
酒店客房管理
第一节
对客服务管理
一、制定对客服务程序
二、制定对客服务标准
三、对客服务质量控制要点
四、提升对客服务质量的途径
第二节
客房清洁管理
一、制定清洁标准
二、合理安排清洁卫生工作
三、建立客房检查制度
第三节
客房安全管理
一、钥匙保管
二、巡视走道
三、房内安全控制
四、消防安全
五、失物保管
六、紧急事故处理

第一节　对客服务管理

客房部的服务质量直接影响到客人的满意度，以及客人对酒店的整体印象。如果客房部提供的服务质量不佳，或者客房设施不完善，会直接影响到客人在酒店住宿期间的感受，从而影响到酒店的品牌形象和声誉。

一、制定对客服务程序

1.制定对客服务程序要考虑的因素

对客服务程序是指用书面的形式对某一服务进行描述。在制定对客服务程序时要考虑表3-1所列的因素。

表3-1　制定对客服务程序要考虑的因素

序号	因素	说明
1	客人的需求	服务是为客人提供的，服务程序也要满足客人需求，制定程序前必须对客人的需求做详细的调查和分析
2	酒店的特点	服务程序要与酒店的档次、风格、管理等特点协调一致，研究酒店的特点时，要考虑酒店的接待对象、客房部组织形式、服务模式、员工素质等各方面的情况
3	国内外客房服务先进水平	服务程序要有时代感，并具有一定的超前性，因而要了解国内外酒店客房服务的先进水平，洞悉各种服务理念的合理和不合理之处，从而集各家之长为己所用

2.制定对客服务程序的要点

（1）作业研究

在编制程序前，要对每个作业进行过程分析和动作分析，把这些资料作为依据保存起来。

（2）让员工参与

客房经理是客服务程序的制定者和组织者，在制定服务程序的过程中，要尽可能地让客房员工参与讨论，该过程本身就是对员工的一种培训。由员工参与制定的服务程序不仅更加符合实际、操作性更强，而且程序的落实效果会更好。

二、制定对客服务标准

1.应制定的对客服务标准

（1）服务工作标准

服务工作标准主要是酒店为保证对客服务质量水平而对服务工作所提出的具体要求。服务工作标准不对服务效果做明确要求，只对服务工作本身提出具体要求。

比如，客房床单应每日更换1次，必须在接到客人要求后5分钟内将客人所需物品送入客人房间等。

（2）服务程序标准

服务程序标准将服务环节按时间顺序进行有序排列，既要求服务工作的有序性，又要求服务内容的完整性。

比如，客房接待服务有四个环节，即客人到店前的准备工作，客人到店时的迎接工作，客人住店期间的服务工作，客人离店时的结束检查工作，每个环节又可以进一步细分出很多具体的步骤和要求，如果这个序列中有一个环节或步骤出现问题，都会使客房服务质量受到很大影响。因此，确定对客服务程序标准是保证服务质量的重要举措。

（3）服务效率标准

制定服务效率标准指在对客服务中建立服务的时效标准，以保证客人得到快捷、有效的服务。

比如，有的酒店规定客房服务中心接到客人要求服务的电话后，3分钟内要为客人提供服务；客人交付洗熨的衣物必须在24小时内交还客人等。

（4）服务设施用品标准

服务设施用品标准指酒店对客人直接使用的各种设施、用品的质量、数量做出的严格的规定。设施、用品是酒店服务的硬件部分，其质量标准的高低直接影响客房服务质量水平的一致性，如果客房中的一次性牙刷或者牙膏等质量低劣，客人在使用这些劣质用品时，就会对酒店整体服务质量水平产生怀疑和不满。

（5）服务状态标准

服务状态标准指酒店针对客房的环境状态、设施设备保养水平所提出的标准。

比如，客房设施应保持完好无损，室内采用区域照明，并且目的物照明度良好，卫生间24小时供应热水，地毯无灰尘、无霉变等。

（6）服务规格标准

服务规格标准指酒店对各类客人提供的服务应达到的标准。

比如，为入住若干次以上的常客提供服务时必须称呼客人姓名，为入住豪华套房的客人提供印有客人烫金姓名的信纸信封，VIP客人的房间要放置鲜花、果篮。

（7）服务语言标准

服务语言标准指酒店规定的在对客服务过程中必须使用的标准化语言的标准。酒店应要求员工在欢迎、欢送、问候、致谢、道歉等各种场合下使用标准语言。

比如，服务时要按照敬语口诀：“请”字当头，“谢谢”不断，见面“您好”，离别“再见”，得罪客人“对不起”，客人谢谢“没关系”等；同时酒店也应明确规定服务忌语，如在任何时候不能回答客人“不知道”。

使用标准化语言可以提高服务质量，确保服务语言的准确性。

（8）服务态度标准

服务态度标准是酒店对服务员提供面对面服务时应表现出的态度和举止礼仪所做出的规定。

比如，服务员接待客人时应面带自然微笑，实行站立服务，站立时不得前倾后靠，双手叉腰，抓头挖耳；当客人面不得高声喧哗、吐痰、嚼口香糖等。

（9）服务技能标准

服务技能标准规定了客房服务员所应具备的服务素质和应达到的服务操作水平。

比如，各个岗位的服务人员应达到的服务等级水平和语言能力，服务人员所应具有的服务经验和所应掌握的服务知识，特定岗位服务人员能够熟练运用的操作技能。

（10）服务质量检查和事故处理标准

服务质量检查和事故处理标准是对前述服务标准的贯彻执行，也是酒店对客服务标准的必要构成部分。若发生服务质量事故，酒店一方面要有对员工的处罚标准，另一方面也要有事故处理的程序和对客补偿、挽回酒客形象的具体措施。

2. 对客服务标准制定的要求

（1）对客服务标准的特点

对客服务标准应具备图3-1所示的特点。

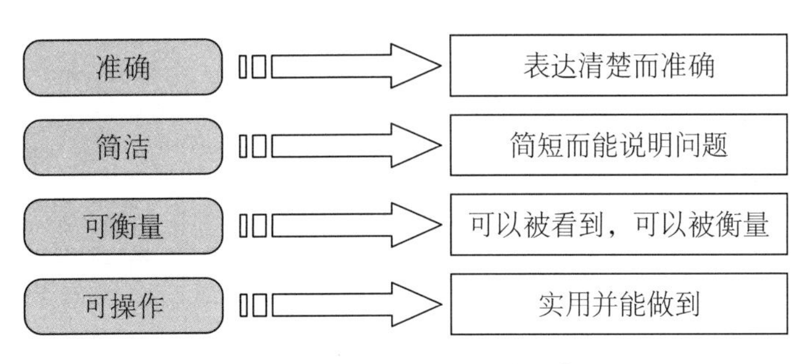

图3-1　对客服务标准的特点

（2）制定对客服务标准的注意事项

在制定标准时，应注意图3-2所示的事项。

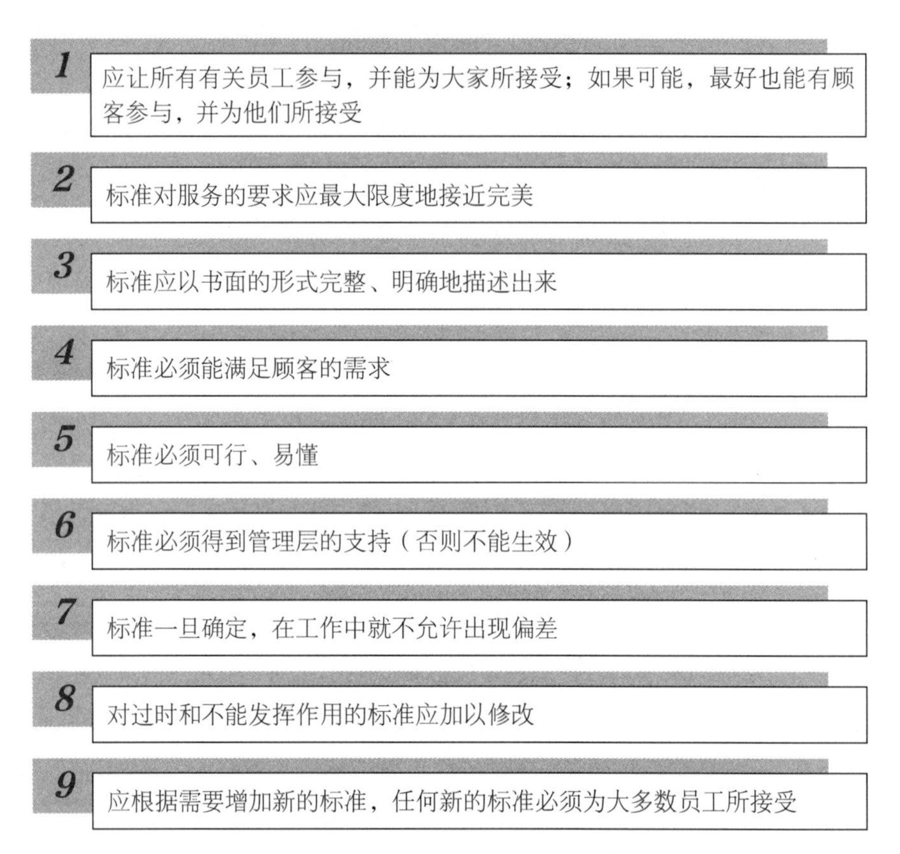

图3-2 制定对客服务标准的注意事项

三、对客服务质量控制要点

酒店经理应把对客服务质量控制的重点放在事先控制、事中控制及事后控制三个环节。三个环节中无论哪个环节出现问题，都会破坏整个服务循环，使服务工作不能进行而产生不良影响，所造成的损失又常常难以弥补。

1. 事先控制

在事先控制环节中，酒店经理应注意表3-2所列要点。

表3-2 事先控制要点

序号	要点	要点说明
1	制定程序和标准	不仅要重视程序和标准的制定，还要注意根据各种因素的变化，不断对其进行修改和完善

续表

序号	要点	要点说明
2	加强培训	在对员工进行对客服务规范培训的基础上，着重进行个性化服务培训，提高员工对客服务的灵活性，把正确处理客人投诉作为重点中的重点
3	预测问题并采取积极有效的防范措施	最好能每月预测次月在对客服务中可能出现的问题。其方法是查阅前两年的资料，找出同期所发生的问题。同时，根据对次月的客情预测及酒店所要开展的活动，再结合其他各方面的情况，分析可能出现的问题。
4	加强沟通和协调	客房部所设计的表格及工作程序要便于信息的传递和反馈，同时还要完善会议及交班制度
5	建立客房部内部检查体系	客房部内部实行逐级检查制，管理人员不仅要注意对清洁工作的逐级检查，更要重视对客服务方面的质量检查

2. 事中控制

（1）走动式管理

在事中控制环节，走动式管理对客房部的作用比其他部门更重要，因为客房部人员相对分散，要确保对客服务质量，管理人员就必须多走动，亲临现场，只有这样，才能及时发现问题并采取补救措施。

（2）重视搜集客人反馈意见

客房管理人员还应重视搜集客人反馈意见，以了解宾客需求，及时发现问题。客人意见书是酒店常用的一种信息反馈文件，除此之外还可有长住客人需求征询表、客人维修意见卡等。定期或不定期地拜访客人，邀请长住客人参加酒店专门为其组织的活动，也可获得宝贵的第一手意见、建议。对于宾客的意见和投诉，要尽可能在客人离店前解决，使客人满意离去。如遇到超出客房部权限的问题，应及时向上级汇报，以确保问题被妥善解决。

3. 事后控制

对客服务质量的事后控制方法如表3-3所示。

表3-3　事后控制的方法

序号	方法	具体操作要求
1	定期分析客人意见	对客人意见进行分类，找出宾客投诉的主要问题，分析原因，并采取相应措施
2	定期召开部门质量分析会	会前要有专人进行准备，参加者们也应有所准备

续表

序号	方法	具体操作要求
3	及时进行整改	根据客人需求的变化，对服务程序和标准进行修改，对服务用品进行调整
4	将宾客投诉的问题与工作表现评估挂钩	对于宾客投诉率高的方面，评估分要占较大比重。例如，如果客人普遍投诉服务态度不好，那么在考察员工工作表现时，服务态度一项的评估分将占较大的比重

四、提升对客服务质量的途径

1. 培养服务员的服务意识

服务意识是员工应该具备的基本素质之一，同时也是提高服务质量的根本保证。

2. 提高服务员的服务技能

客房部服务员熟练掌握服务技能和操作规程是提高客房服务质量和工作效率的重要保障。客房部可以通过强化训练、组织竞赛等多种手段来提高客房服务员的服务技能。

3. 为客人提供个性化的服务

提供规范化的服务是保证对客服务质量的基本要求，但不应仅仅满足于为客人提供规范化服务。每一位客人都有自己的个性与特色，必须为其提供相应的个性化服务，才能使客人对客房部的服务有更高的满意度。

4. 做好与酒店其他部门的合作与协调工作

要提高对客服务质量，还必须做好与酒店其他部门的合作与协调工作，特别是与前厅部、工程部、餐饮部、保安部等部门的合作与协调。

① 客房部的对客服务工作必须得到上述部门的理解和支持才能顺利完成。

② 客房部也必须理解和支持上述部门的工作，加强与这些部门的信息沟通。

5. 广泛征求客人对客房服务质量的意见

客人是客房服务的直接消费者，最能发现客房服务中的缺陷，因此对服务产品也最有发言权。要提高客房服务的质量，征求客人的意见是一个十分重要的途径。

为了及时征求客人对客房部各项服务的意见，可在客房设置意见簿，而且应落到实处，注意对其进行管理。

客房部经理可以定期或不定期地拜访客人，了解客人的需求，从而及时发现客房服务中存在的问题，以进一步制订和修改有关计划。

【实战工具10】

客人意见表

1.接待

	满意	一般	不满意
（1）大堂经理	□	□	□
（2）接待员	□	□	□
（3）行李员	□	□	□
（4）问询员	□	□	□
（5）电话员	□	□	□
（6）收银员	□	□	□

意见：______________________________

____

2.客房

	满意	一般	不满意
（1）保洁	□	□	□
（2）设施	□	□	□
（3）服务	□	□	□
（4）洗衣	□	□	□

意见：______________________________

____

3.餐厅

	满意	一般	不满意
（1）一楼餐厅	□	□	□
（2）二楼餐厅	□	□	□
（3）西餐咖啡厅	□	□	□
（4）三楼餐厅	□	□	□

意见：______________________________

____

4.康乐

	满意	一般	不满意
（1）游泳池	□	□	□
（2）卡拉OK	□	□	□
（3）桑拿健身	□	□	□
（4）桌球室	□	□	□

意见：______________________________

____

5.阁下订房是通过

（1）直接在酒店办理 □

（2）旅行社办理 □

（3）单位办理 □

（4）参加会议 □

（5）其他途径 □

6.阁下为何选择本酒店

（1）以前住过 □

（2）酒店声誉好 □

（3）他人推荐 □

（4）广告 □

（5）其他原因 □

7.对酒店总体评价

	满意	一般	不满意
（1）卫生清洁	□	□	□
（2）服务态度	□	□	□
（3）维修保养	□	□	□
（4）收费标准	□	□	□
（5）总体评价	□	□	□

8.阁下对酒店的其他意见和建议

____

____

姓名：______________________________

房号：______________________________

入住日期：______________________________

通信地址：______________________________

除了在客房设置客人意见表以外，为了激励员工为客人提供更加优质的服务，还可在客房放置一张针对员工的表扬卡，对于收到表扬卡的客房员工，管理人员应以某种特殊的方式给予表扬或奖励，使其成为其他员工学习的榜样。

【实战工具11】

表扬卡

表扬卡
尊敬的客人： 您好！ 感谢您下榻AAA大酒店。我们很想了解您在逗留本酒店期间，是否得到了超前服务。如果您能抽出时间填写此表扬卡，以帮助我们认可及鼓励为您提供超前服务、令您满意的员工，我们将不胜感激。您的提名表扬对员工有着极其重要的意义，谢谢！ 您得到的超前服务是________________________ 为您提供服务的员工是_________提供服务的日期是____________ 您的名字是____________房间号或联系电话是____________ 为方便起见，您只需将此卡交给酒店的任何员工即可，他们会非常乐意帮您将卡片投入指定的信箱。

6. 开展对客服务质量检查

对客服务质量检查是管理工作的重要环节。它包括工作数量检查、工作质量检查和物品消耗检查三方面的内容。检查工作一般采取服务人员自查、领班专职检查、经理抽查等方式。使员工在完成工作定额的前提下，确保服务的质量，降低物资的消耗。

7. 做好客房原始记录管理

做好客房原始记录管理，也是控制对客服务质量的一项有效措施。客房部的原始记录，就是客房部用报表和文字说明的形式对在接待服务过程中发生的具体事实的记录。这种记录具有经常性、广泛性和真实性的特点，对酒店经理掌握接待服务情况，提高客房管理水平有重要作用。客房的原始记录一般有如下几种：

（1）客房自然状态报表

客房状态检查通常每日三次，一般在11点、16点、20点这三个时段进行。前厅部虽然按照酒店住宿登记表将资料输入电脑，或根据房客退房资料，得知现有客房状态，但实际客房状态仍须核对。

客房自然状态报表就是由客房服务员亲自检查客房状态后填制的报表，通过该报表才能最终确认住客房房号、走客房房号等资料，以便酒店电脑内的所有客房资料保持最新、最正确的状况。

（2）客房小冰箱日报表

客房部办公室根据文员输入电脑的客房小冰箱消费账，核对并填写日报表，于22点左右送交前厅收银处，以便其夜间稽核做账。

（3）客人习性表

各楼层领班依据客人特殊习惯或要求，如睡觉要用的矮枕、席梦思床垫等，做成习性表，第一联交前厅部，记录在客人历史资料档案里，第二联客房部留底。

（4）DND客房检查报表

由楼层领班填写。楼层领班将DND客房的房号记录项填好后送交客房办公室，每日下午由客房办公室汇总后送交前厅部处理。

（5）客房部夜床报表

在17点至18点30分，夜床服务时段里，服务员将不能清洁的房号做成报表送交客房办公室，汇总后送交前厅部处理。

（6）客房清理工作检查表

由楼层领班填写。客房办公室于每日晨间将该表内的“特别注意事项”“周保养”“增加清理房间房号”填好，各楼层领班到办公室取此表后，进行一天的房务检查工作，于下班前交回办公室。该检查表内容大致包含房号、客房缺失物品、浴室设备状况及修理情形等。

（7）客房整理报告

由客房服务员填写。客房服务员根据其清洁的房间，逐项据实将报告填好，第一联楼层自留，第二联则送交客房办公室。内容包括整理各项备品的时间等。

（8）客房部夜间巡查记录

由下午班领班填写。房务人员下班后，下午班领班于夜间巡查安全后，填写此表。

（9）夜间清洁检查表

此表由夜班领班填写。夜班领班于夜间公共区域清洁工作完成后，填写此表。

（10）冰箱饮料账单

由客房服务员填写。客房服务员在清洁房间时，检查冰箱饮料，客人如有取用，则写进该账单。第一联置于冰箱旁，以便客人核对数量，第二、三联及第四联送交客房办公室，由客房办公室转交前厅收银处，第五联则由客房部存底。

第二节　客房清洁管理

作为酒店中最常见、最基础的服务，客房清洁直接关系到酒店客人的住宿体验。因此，正确理解和重视客房清洁对于酒店提升客人满意度是至关重要的。

一、制定清洁标准

清洁标准反映出酒店的档次和星级，因此，制定清洁标准时应以酒店的经营方针和市场行情为依据，要本着如图3-3所示的原则。

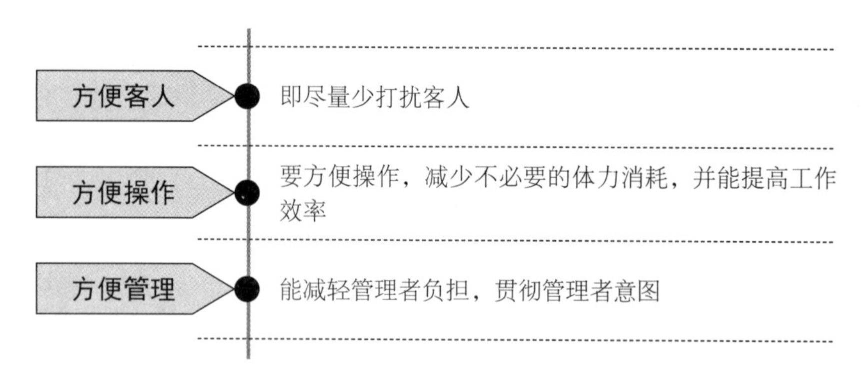

图3-3　制定清洁标准的原则

下面是一份××酒店客房清洁程序与标准的范本，仅供参考。

客房清洁程序与标准

一、敲门程序及标准

1.站立在房门前大约一步的距离，自然平视猫眼，用右手中指的第二关节敲门，按“嗒——嗒嗒”的节奏敲门三下，并自报身份，等待3～5秒钟，听房间是否有动静或者有人应答，如果没有，则重复刚才的敲门方式两遍。

2.如果在连续敲门三次后房间内均无人答应，则可以用钥匙开门。先轻轻把门打开15度，用左手顶住门，同时用右手再敲门三下，并报身份，等3 ～ 5秒钟，如果仍然无人过来开门或答话，即可将门全部打开。

二、查房程序及标准

1.将厚窗帘拉开，打开窗户，拉窗帘时要检查窗帘是否有脱钩或被损坏的现象。如房间有异味，可喷洒空气清新剂。

2.检查房间电器设备、家具用品有无损坏，配备物品有无短缺，是否有客人遗留物品（指客人离店后除了垃圾桶里的，其他所有留在房间内不属于酒店的物品），若房间物品有损坏或有遗留物品要及时报前台，然后由前台报经理办公室。

三、清房程序及标准

1.清理烟缸、垃圾桶及大件垃圾，倒烟缸时注意烟缸内的烟头是否熄灭，以便消除隐患，还要注意不要把烟头倒进马桶里，另外客房报纸或其他纸上有客人字迹的不能扔。

2.撤出客人用过的杯具及卧室布草，撤布草时应注意以下三点。

① 如发现床单等物品被客人弄脏，且洗不掉，要礼貌地提醒客人，并根据规定进行索赔。

② 在撤床时要注意看里面是否裹有客人的衣物，在撤枕头时注意下边有无客人遗留的手表，耳环，戒指等小物品。

③ 撤下的床单等物品不准扔在地上，而是装进布草袋，要和干净的布草分开。

3.做床。拿床单和枕套进房内铺床，确保床单，枕套干净无污迹，无破损

① 首先要将床垫拉出，距离床头板约40厘米的距离，这样便于操作。

② 检查保护垫上有无毛发和污迹，若有则及时更换并整理好，将保护垫四角拉平，把保护垫四角上的皮筋套在床垫下。

③ 铺床单时注意将床单铺平整，被子和枕头摆放一致，被套套好后，将被头反折约30厘米。无论是大床、中床，还是小床，两个枕头的开口要相对。

④ 做完床后要检查床的整体效果。

4.卫生间

① 打开卫生间灯、排气扇，将用过的易耗品装入垃圾袋。

② 给马桶冲一遍水，围绕边缘喷上马桶清洁剂。

③ 撤走垃圾和脏四巾（注意清点数量）。

④ 在镜面较脏的情况下，先用玻璃水进行清洁，然后用玻璃刮刮干净，最后用抹布将镜面擦干。清洁标准：镜面无水迹、水滴印、手印，而且要避免镜面被擦花。

⑤ 将面盆用温水冲洗一遍，用面盆刷刷洗干净，再用温水冲净，最后用抹布擦干。清洁标准：面盆内无水迹，无皂液，下水口关闭，水龙头及开关不锈钢镀件光亮。

⑥ 打扫淋浴间时，先用面盆刷将墙面刷洗一遍，然后使用淋浴花洒冲刷墙面和淋浴间玻璃，再使用刮水器刮洗干净，最后用抹布将淋浴间内擦拭干净。清洁标准：沐浴间玻璃上无水迹、污渍、皂液，淋浴间地面、墙面无毛发、水渍、皂液，花洒，不锈钢电镀件光亮、无水迹和污渍。

⑦ 由上到下，由外到内，依次刷洗马桶水箱、马桶盖、桶身外侧，最后刷洗马桶内部，用水冲净后再用抹布擦干。清洁标准：马桶水箱、盖及桶身外侧无水迹、尿迹、污渍，马桶内部及边缘无尿迹，无污点，无异味。

5.撤走清洁用具，补齐房间各类用品。

6.擦尘。擦尘应准备两块抹布，一干一湿，干的用来擦电器，湿的用来擦家具。擦尘要按照房间的顺时针方向或者逆时针方向进行，从上到下，从里到外，依次擦干净，做到不漏项，动作轻捷，擦一件家具设备就检查一件。其具体顺序如下。

① 先从门、门框擦起，擦门时应该把门牌、门框、门面、门锁擦干净，并检查门锁是否有异常现象，而且里外都要擦，以防日久积尘，保持门的整体干净。

② 衣柜内部及上端挂衣横杆，包括上面的不锈钢架都要擦干净，并要检查衣架是否齐全，有无损坏。

③ 电源控制闸板也要用干抹布擦干净，并检查插线板是否有松动或异常现象。

④ 住客房的写字台，若台上放有客人的文件图纸之类物品，擦时不要移动，把周围的尘擦干净即可。如放有客人其他物品，要把它轻轻拿起，擦完后再放回原位，注意决不允许服务员任意翻阅客人物品。如果是在客房，那就要把写字台由里到外彻底擦干净。不管是走客房还是住客房，在擦尘时都要检查写字台上物品是否短缺。

⑤ 窗台包括窗槽也要擦，擦完后，关闭窗户，并检查是否关好。

7.吸尘（日常客房卫生清洁无需操作），其具体顺序如下。

① 把吸尘器软管和吸管依次安装好，并把软管散开，避免拧折。掀开房间墙壁上的吸风口盖子，迅速把吸尘器软管的一端插进去。稍等几秒钟，听到通风后再开始吸尘。

② 先从窗台下开始吸，注意死角（床底、柜底、柜后）；吸地时要顺纹吸，操作要小心，以免碰撞家具。吸尘器用完，注意用左手挡住吸风口的盖子并摁住吸风口后面的阀门，快速地把软管拔出来，然后把线，管绕好，装到袋子里放置在工作车上。

③ 吸尘时注意不要吸入大件垃圾，如布头、塑料袋、玻璃、针、烟灰及火柴等，以免堵塞管道及造成安全隐患。

8.取出房卡，关闭房门。

四、续住房间清洁注意事项

1.清点客房的物品，包括巾类。

2.将客人的本册、文件、杂志稍加整理。

3.不可随意丢弃放在桌子、床头柜或床上的纸片纸张。

4.将客人的睡衣、睡裤、睡袍叠好放在枕边或沙发上，西服用衣架挂好。

5.贵重东西不要动。

6.禁止翻阅客人物品、杂志或其他用品。

7.不得接听房间内的电话。

二、合理安排清洁卫生工作

客房日常清扫过程中，天花、高处的灯管、门窗、玻璃、墙角等处不可能每天清扫。这些地方的清扫服务一般通过计划卫生，即定期循环的方式来完成。酒店经理须做好计划安排。

1.日常清洁保养

（1）日常清洁保养的内容

客房日常清洁保养是指为保证客房基本水准而进行的日常清洁整理工作，其主要内容如表3-4所示。

表3-4　日常清洁保养的内容

序号	内容	要求及目的
1	各类客房的清洁整理	每天均需进行的例行清洁，以保证客房的整洁，为客人提供一个舒适的居住场所
2	晚间客房整理	档次较高的酒店为顾客提供夜床服务，其目的是体现酒店客房服务的规格，方便客人，为客人创造一个恬静幽雅的休息环境
3	房间用品的补充	清扫整理客房时须按规定补充客人已消耗的物品，以满足客人对日常用品的需求
4	客房设备用品的检查	清扫整理客房时，客房服务员应检查客房设备用品，以保证客房设备用品的完好，提高客人对客房产品的满意度
5	客房的杀菌消毒	定期对客房进行杀菌消毒，可保持房间的卫生，防止传染病的发生和传播
6	楼层公共区域的清扫整理	每天均需清扫整理楼层公共区域，保持干净整洁
7	楼层工作间的清洁卫生工作	楼层工作间是存放物品，员工工作、休息的场所。做好工作间的清洁卫生工作，可为客房服务员提供一个良好的后勤区域环境
8	客房工作车的整理及物品的补充	每天均须整理客房工作车并补充物品，工作车上的物品要整齐有序，取用方便。其目的是保证工作车的美观整洁，提高清洁整理客房的工作效率

（2）日常清洁保养的安排

客房日常清洁保养工作应有统一安排与调控。通常的做法是：客房中心根据当天客房出租率、人员排班及有关领导的特别指令和要求，通过工作单给每一个当班人员分配具体工作任务。

楼层领班在工作过程中，应根据工作进度及其他具体情况对下属员工进行指导监督，并合理调配。每一位员工在工作中要有全局观念和团队精神，分工不分家，互相支持，互相帮助。

2. 客房计划卫生

（1）计划卫生的内容

酒店经理在确定计划卫生的具体内容时，要将日常清洁保养的内容与计划卫生的内容区分开来。通常，在确定客房计划卫生内容时，可参考下列项目。

◇通风口除尘	◇家具背后除尘
◇排风扇机罩和风叶除尘、除迹	◇电话机消毒
◇冰箱消毒	◇墙纸、墙布除尘
◇天花板除尘	◇家具上蜡
◇酒篮、鞋篮除尘	◇门顶除尘
◇金属器件除锈、抛光	◇床垫翻转
◇地毯、沙发、床头板的清洁	◇皮革制品的抛光
◇毛毯、床裙、褥垫的清洁	◇枕芯的清洁
◇窗帘的清洁抛光	◇工艺品、装饰品的除尘
◇百叶门、窗的除尘抛光	◇卫生间吊顶除迹
◇冰箱、便器除垢抛光	◇下水口及管道喷药、除污
◇洁帘的清洁抛光	◇镜柜除锈、上油
◇大理石面上蜡抛光	◇植物养护
◇顶灯的除尘抛光	◇玻璃窗的擦拭
◇阳台的除污、除迹、抛光	◇其他项目

上述各个项目，由于受污染的速度不一，清洁保养的难度有大有小，所以清洁保养的频率和周期也有不同。在实际工作中，应根据具体情况，按周期对清洁保养项目进行分类，诸如每三天一次、每周一次、每旬一次、每半月一次、每月一次、每季度一次、每半年一次、每年一次等。

（2）单项计划卫生安排

客房服务员在完成规定的房间清洁工作之后，应进行适当的单项计划卫生，以弥补平时工作的不足。

【实战工具12】

单项计划卫生安排表

单项卫生项目	清洁速度	每天工作量	清洁周期	使用工具	质量标准	注意事项
一、房间部分 1. 2. 3. 4. 5. ……						

续表

单项卫生项目	清洁速度	每天工作量	清洁周期	使用工具	质量标准	注意事项
二、卫生间部分 1. 2. 3. 4. 5. ……						

单项计划卫生安排的制定与实施程序如图3-4所示。

第一步　客房部经理会同各楼层领班作单项计划卫生安排

第二步　各楼层主管将单项计划卫生安排布置给各楼层服务员

第三步　楼层领班组织、指挥、监督客房服务员的卫生清扫工作，具体实施单项计划卫生安排

图3-4　单项计划卫生安排的制定与实施程序

（3）房间周期大清洁计划

进行房间周期大清洁计划的目的是确保房间处于清洁常新的状态。周期大清洁计划的制定和实施程序如图3-5所示。

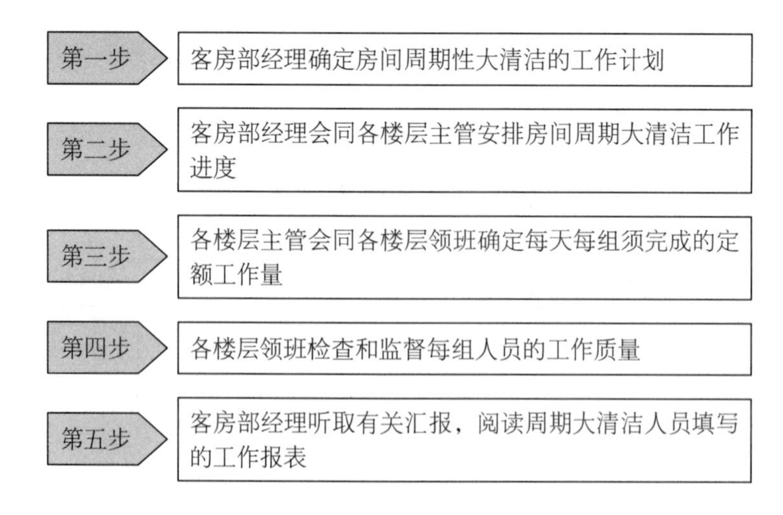

图3-5　周期大清洁计划的制定和实施程序

三、建立客房检查制度

标准的建立使客房清洁保养工作有了规范和目标，但要达到目标，则需要通过检查这一手段来保证。

1. 内部逐级检查制度

内部逐级检查制度即服务员自查、楼层领班检查、楼层主管抽查和经理抽查四级检查制度，是确保客房清洁质量的有效方法。

（1）服务员自查

服务员自查是要求服务员每整理完一间客房，要对客房的清洁卫生状况、物品的摆放和设备家具是否需要维修等进行检查。服务员自查的重点是客房设施设备是否好用、正常，客房用品是否按规定的位置、数量摆放。自查的方式是边打扫边检查。此外，在清扫完房间，准备离开前，还应对整个房间进行一次回顾式检查。

为了使服务员自查工作落到实处，应在客房清扫整理的操作程序中对其加以规定和要求。

（2）领班检查

领班检查是服务员自查后客房清洁卫生质量检查的第一关。领班负责制作客房状态报告，总台可据此决定是否将某客房向客人出租，因此，必须加强领班的监督职能，让其从事专职的客房检查和协调工作。

一般情况下，领班查房应按环形路线，发现问题及时记录和解决。领班查房的要点如图3-6所示。

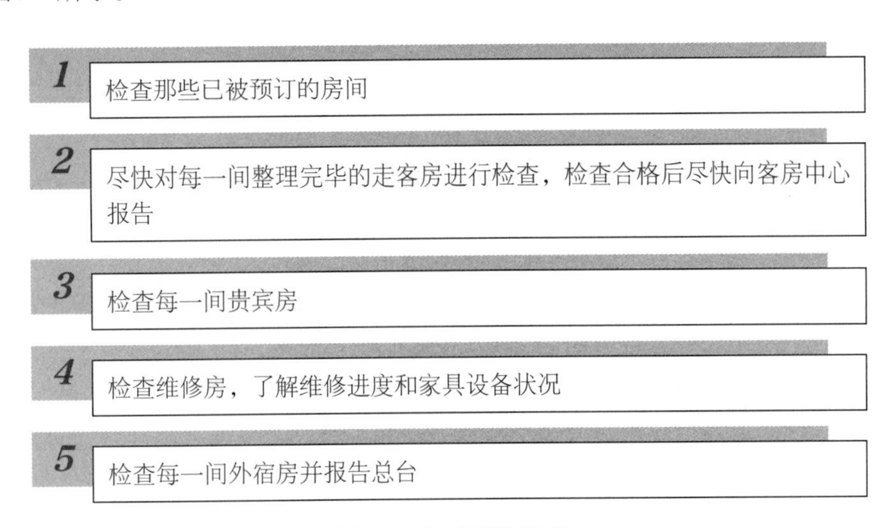

图3-6　领班查房要点

（3）楼层主管抽查

楼层主管是客房清洁卫生工作的主要指挥者，加强工作现场的督导和检查，是楼层主管的主要职责之一。主管检查的方式是抽查，抽查的好处在于这种检查事先并未通知，是一种“突然袭击”，所以检查的结果往往比较真实。

楼层主管抽查客房的数量一般可控制在20个左右。

主管主要检查领班实际完成的查房数量和质量，抽查领班查过的房间，以观察其是否贯彻了上级的管理意图，以及领班检查的宽严尺度是否得当。经理在抽查客房卫生的同时，还应对公共区域的清洁状况，员工的劳动纪律、礼节礼貌、服务规范等进行检查，确保所管辖区域的正常运转。

主管检查时要重点检查每一间贵宾房，以及每一间维修房，促使其尽快投入使用。

（4）客房部经理抽查

客房清洁卫生工作是客房部工作的主体。客房部经理每天应拿出半天以上的时间到各楼层巡视和抽查客房的清洁卫生质量。这对于掌握员工的工作状况，改进管理方法，修订操作标准，更多地收集客人意见，具有十分重要的意义。经理每天抽查的房间应保持一定的数量，应特别注意对VIP客房的检查。

小提示

客房的内部逐级检查制度应一级比一级严，所以，客房部经理在查房时要高标准、严要求，进行“白手套检查”。经理的检查宜不定期、不定时，检查的重点是房间清洁卫生的整体效果、服务员工作的整体水平，以及是否体现了自己的管理意图。

2.查房的内容、程序与标准

（1）入房检查的程序

① 取得房间钥匙。

② 到达房间按进门规范按门铃并敲门三声。

③ 从客房的门口开始检查。

（2）查房顺序与标准

查房并不是无目的、无顺序地开展，而是要根据客房布置的情况制定相应的标准与程序。

下面是一份××酒店客房部查房顺序与标准的范本，以供参考。

客房部查房顺序与标准

一、卧室部分

顺序	项目	标准
1	房门	（1）门铃无污迹，正常好用 （2）门、门框擦洗干净，把手光亮、无污迹 （3）门开关灵活，无异响 （4）房间号码牌清楚，无污迹，窥镜、门锁完好 （5）门后“请勿打扰”“请速打扫”牌无污迹 （6）门后磁吸及闭门器正常、好用 （7）门后的安全疏散图完好，无污迹，无翘起
2	壁柜	（1）内外无灰尘，衣架及衣架杆无灰尘 （2）门轨无损坏，柜门可正常开关 （3）衣架配备齐全，摆放规范，鞋篮、保险柜摆放规范 （4）棉被或毛毯摆放规范
3	酒柜	（1）表面清洁，玻璃上无污迹 （2）电热水瓶无污迹，瓶口不漏水，茶盘无灰尘 （3）冷水瓶、水杯、茶叶缸干净无污迹 （4）零食架上物品摆放规范、无灰尘
4	电冰箱	（1）内外干净，工作正常 （2）饮料按规定配齐，并在保质期内 （3）冰箱温度按规范调节
5	行李柜	干净、稳固、无灰尘
6	电视柜	（1）柜面干净、无灰尘 （2）柜门开关灵活，转盘或轨道正常好用 （3）电视机荧光屏及外壳干净、无灰尘 （4）电视机音质良好，图像清晰、稳定
7	写字台	（1）桌椅及沙发部位无灰尘，抽屉内外干净 （2）服务指南内容齐全，无污迹、破损，摆放规范 （3）抽屉内洗衣袋（二只）及洗衣清单（一式三份）配齐、摆放规范
8	茶几	（1）茶几（特别是茶几玻璃下的档条）擦净，烟灰缸清洁无污迹（烟灰缸摆放时注意店标） （2）圈椅、茶几摆放规范
9	窗户	（1）窗框、窗台无灰尘，窗户玻璃干净明亮 （2）窗帘无破损、污迹，窗帘轨道、钩完好 （3）窗帘盒内及窗台四周无蜘蛛网

续表

顺序	项目	标准
10	床头柜	（1）柜内外无灰尘 （2）灯光及电视等的开关完好 （3）电话机能正常使用，表面干净，电话线无绕线
11	床	（1）床铺得规范匀称 （2）床单、被套、保护垫、枕套、床头板等干净、无破损 （3）床脚稳固
12	灯具	（1）所有灯具的灯泡及灯罩无落灰 （2）灯罩接缝朝向应朝内 （3）开关完好、无污迹
13	空调	（1）运转正常 （2）开关上无污迹 （3）进、出风口无蜘蛛网
14	天花板	（1）无蜘蛛网 （2）无裂纹和小水泡（如有，说明天花板漏水，应及时报修） （3）石膏线无裂纹
15	墙壁	（1）墙纸无污迹和脱落之处 （2）墙上挂画要摆正，画上无灰尘 （3）全身镜无灰尘，无污迹
16	踢脚线	无落灰及污迹
17	地毯	（1）干净，无污迹或破损线头 （2）靠近踢脚线处无小垃圾
18	垃圾桶	（1）桶内外清洗干净 （2）垃圾袋按规范套好 （3）垃圾桶按规范摆放

二、客房卫生间的标准

顺序	项目	标准
1	门	（1）门锁干净、好用 （2）门下出气孔干净，无落灰 （3）门干净，无污迹 （4）门后磁吸正常 （5）门开关灵活，无异响
2	灯	使用正常，开关、插头灵活好用，无污迹、无破损
3	干肤器、吹风机	（1）干净无污迹 （2）好用

续表

顺序	项目	标准
4	换气扇	（1）干净，运转正常 （2）卫生间吊顶干净、无污迹、无蜘蛛网
5	墙壁	（1）瓷砖干净、无破损 （2）浴缸上方瓷砖必须每天擦洗，做到干净光亮 （3）皂槽干净无污迹
6	洗脸池	（1）内外无污迹、水珠 （2）不锈钢龙头、水池下弯管干净光亮 （3）台面及易耗品盘干净、无灰尘 （4）易耗品要配齐，并按规范摆放 （5）镜面无污迹、水珠 （6）烟灰缸干净，无污迹 （7）面巾纸架干净、无污迹，摆放规范
7	浴缸	（1）浴缸内外擦洗干净，无污迹、毛发 （2）冷、热水龙头及落水塞子能正常使用 （3）不锈钢龙头、浴缸扶手、浴帘杆干净光亮、牢固 （4）浴帘干净无异味并按规范拉好
8	马桶	（1）已消毒、无异味，能正常使用 （2）马桶盖、座圈及桶内外擦洗干净 （3）三角阀处擦干净 （4）卫生纸架光亮无污迹 （5）卫生纸按规范折角
9	四巾	（1）四巾架干净、光亮、牢固 （2）四巾按规范折叠摆放，无污迹破损
10	地面	（1）干净、无水渍、无毛发 （2）地漏干净，定期喷药

3. 查房的具体方法

为提高客房检查的效率，保证客房检查的效果，应通过看、摸、试、听、嗅等方法，对客房进行全方位的检查，具体如表3-5所示。

表3-5　查房的具体方法

序号	查房方法	操作步骤和要求
1	看	查房时，要查看客房是否清洁卫生，客房物品是否配备齐全并按规定摆放，客房设备是否处于正常完好状态，客房整体效果是否整洁美观

续表

序号	查房方法	操作步骤和要求
2	摸	对客房有些不易查看或难以看清楚的地方，如踢脚线、房间边角等，需用手擦拭，检查是否干净
3	试	客房设施设备的运转是否正常、良好，除查看外还需试用，如试用卫生间浴缸和洗脸池，水龙头放水，使用电视机遥控器等
4	听	客房内噪声是否在允许范围内，主要靠听来判断，靠听觉无法判断的再借助相关仪器。另外，检查客房设施设备，在看、试的同时，还需用耳听是否有异常声响，如卫生间水龙头是否有滴、漏水声，空调噪声是否过大等
5	嗅	客房内是否有异味，空气是否清新，需要靠嗅觉来判断

第三节　客房安全管理

客房安全管理是酒店为保障客人和员工人身财产安全不受威胁而采取的措施和手段。客房安全是衡量酒店服务质量的基本要素，酒店有责任与义务保护客人安全，控制和消除安全隐患。

一、钥匙保管

1. 钥匙的种类

① 客房专用机械或磁卡钥匙：只能开启某一个房间，不能通用，仅供客人使用。

② 楼层或区域通用机械或磁卡钥匙：可以开启某一楼层或楼层某个区域内的所有客房，供客房部经理、领班及服务员工作之用。

③ 全通用机械或磁卡钥匙：可以开所有的客房，供客房部正、副经理使用。

2. 钥匙的控制措施

各酒店由于硬件设施和服务模式不同，钥匙的管理方式也有所区别，但不管是采用电子门锁还是普通门锁，对钥匙的分发、领取、交回等方面都应实行严格的管理方式。

（1）钥匙的管理

多数酒店客房部的钥匙由客房部办公室人员直接负责，在办公室内设有存放钥匙的钥匙箱或钥匙柜，在不用时应加锁。箱内每把钥匙都应有编号，以明确其开启的楼层和房间号。

（2）钥匙的发放

员工如需使用钥匙，应到客房部办公室根据工作区域领取有关钥匙。客房部办公室应备有钥匙发放交回登记表，内容应包括领取钥匙的时间、钥匙的编号、领取日期、领取人及收匙人签名等内容，任何人不能在未登记的情况下取走钥匙。

【实战工具13】

钥匙发放交回登记表

序号	领取时间	钥匙编号	领取日期	领取人签名	交回时间	收匙人签名

（3）钥匙交回

任何人使用完钥匙后应尽快将钥匙交回客房部，并在钥匙发放交回登记表上签字，标明交回时间，任何人不得将钥匙带出酒店。

（4）钥匙的使用

领取钥匙后，员工应对所领取的钥匙负责，不得将钥匙转交给他人使用，应随身携带钥匙以免丢失，一旦发现钥匙有损坏应立即报告，以便及时更换新钥匙。

（5）钥匙的交接班

钥匙的交接班是办公室人员交接班时的一项重要的必不可少的工作，应认真检查钥匙箱中存放的钥匙，核对钥匙的编号是否与房号相符，发放出去的钥匙是否在登记表中有明确登记，领用钥匙的员工是否在上班等。在下班高峰期一定要严格检查收回的钥匙，及时发现那些因急于下班而忘记还钥匙的员工，追回钥匙。

二、巡视走道

客房部管理人员、服务人员，以及保安部人员对各楼层走道认真巡视，也是保证客房安全的有力措施。巡视的内容如图3-7所示。

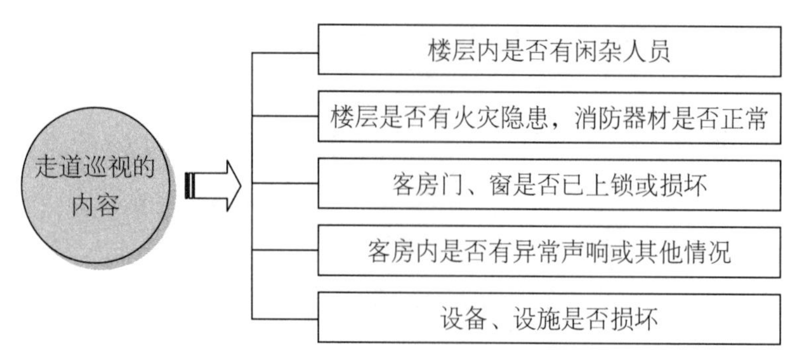

图 3-7 走道巡视的内容

三、房内安全控制

1. 客人的安全

客房是客人停留的主要场所，是客人财物的存放处，所以客房内的安全至关重要。客房部应从设备的配备及工作程序的设计这两方面来保证客人在客房内的人身及财物安全。

2. 员工的自我防护

客房服务人员大多数是女性，有时候会受到客人的骚扰，所以，酒店有必要增强她们在工作中的自我防护意识，对客人既要彬彬有礼，热情主动，又要保持一定距离。女性服务员在服务时应注意以下几点。

① 客人召唤入房时，要将房门打开，在客人关门时要保持警惕，客人邀请坐下时不要坐下，更不要坐在床上。

② 尽量找借口拒绝客人的外出邀请。

③ 不要陶醉在客人的花言巧语中而失去警戒。

四、消防安全

火灾对一个现代化的酒店来说是致命的灾害，高层建筑一旦失火将难以挽救，必然会造成不可估量的人、财、物损失，因此酒店应有完整、有效的防火措施，让每位员工都接受一定的防火、救火常识训练。

五、失物保管

客人在住店期间或离店时，难免会遗忘或丢失物品，所以酒店要严格要求员工在酒店范围内发现客人遗失物品时，必须如数上交，并做好记录。具体操作如下。

① 当发现客人遗留或丢失的物品时，应在第一时间上报部门经理以上的管理人员。

② 将捡到的物品进行清点后，填写客人失物登记表。

【实战工具14】

客人失物登记表

<table>
<tr><td>房号</td><td></td><td>客人姓名</td><td></td><td>上交时间</td><td></td><td>发现时间</td><td></td></tr>
<tr><td colspan="2">遗留物名称</td><td colspan="2"></td><td colspan="2">发现地点</td><td colspan="2"></td></tr>
<tr><td colspan="8">备注：</td></tr>
<tr><td colspan="2">经办人</td><td colspan="2"></td><td colspan="2">交物人</td><td colspan="2"></td></tr>
<tr><td colspan="2">客人领取签名</td><td colspan="2"></td><td colspan="2">领取时间</td><td colspan="2"></td></tr>
</table>

备注：一式三联，第一联客人保留，第二联楼层保存，存根由客房部保留

六、紧急事故处理

在酒店经营管理过程中有可能发生以下紧急事故，对于这些事故，酒店经理应该能预见，并且制定相应的处理程序，对员工加以培训。

1.住客伤病处理

酒店任何员工在任何地点发现客人受伤或生病，应立即报告，尤其是客房部的服务员及管理人员在工作中，应随时注意是否有伤病客人，如果有，则应立即送医院医治。

2.醉酒住客的处理

醉酒客人的破坏性较大，轻则其行为失态，大吵大闹，随地呕吐，重则危及他人生命，破坏客房设施设备，或酿成更大的事故。客房服务员遇上醉酒客人时，应保持理智、机警，根据醉酒客人的不同种类及特征，进行处理。

3.停电事故的处理

停电事故可能是外部供电系统引起的，也可能是酒店内部原因造成的，酒店应配

备紧急供电装置，尽快恢复供电，同时要做好对客人的解释工作。

4. 客人死亡的处理

如发现客人在客房内死亡，应立即将该房双锁，通知安保人员来现场，对现场加以保护，由安保部门报案，由警方专业人员来调查及验尸，并判断死因。

如客人属自然死亡，公安部门出具死亡证明后，由酒店向死者家属发出唁电，并进行事后处理；如警方判断客人为非正常死亡，则应配合警方深入调查客人死因。

第四章

酒店餐饮管理

餐饮在酒店经营中发挥着重要作用，餐饮不仅是酒店的重要营收项目之一，还是酒店品质口碑的象征，是酒店增加客户黏性的重要途径。

本章思维导图

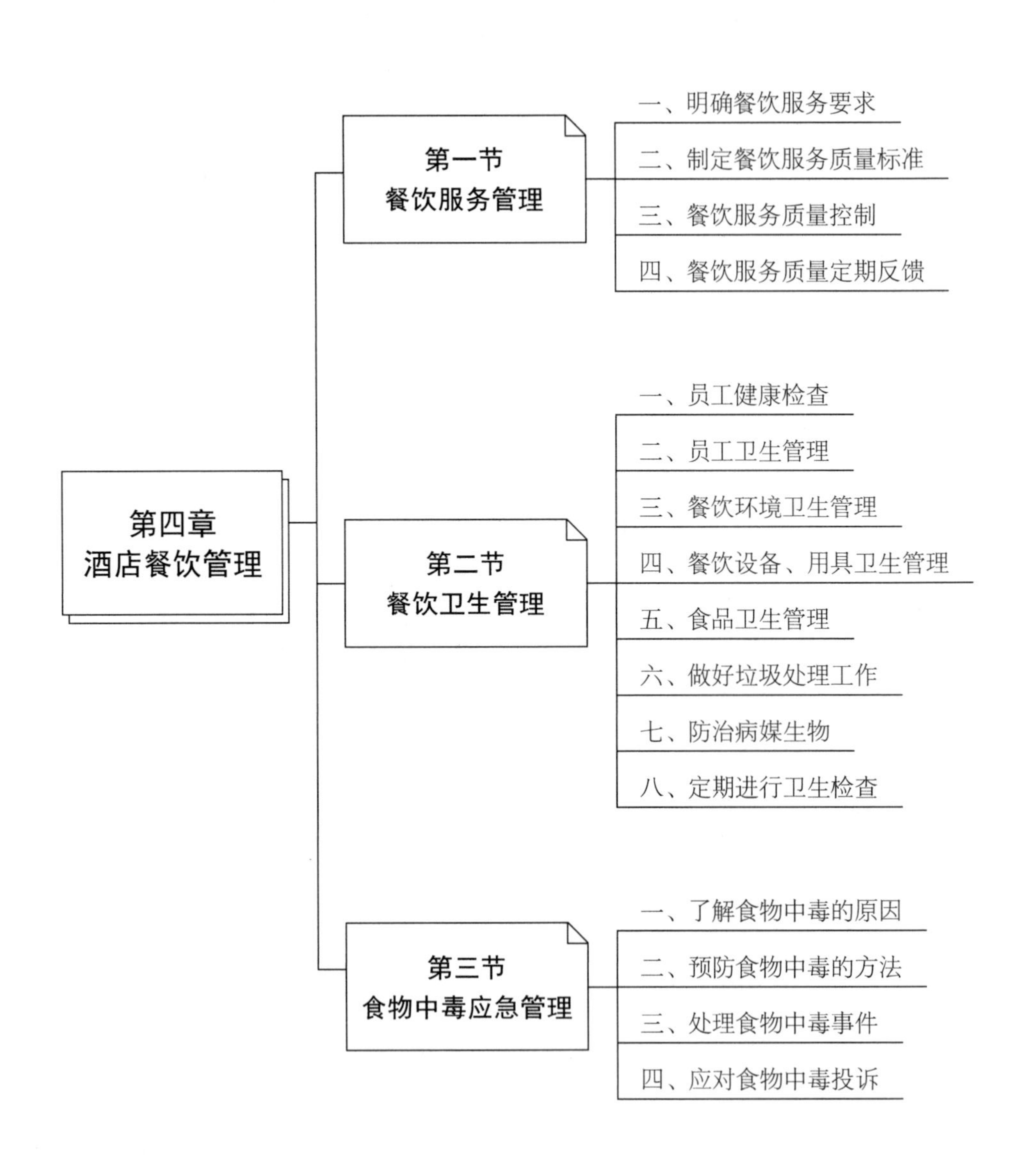

第四章
酒店餐饮管理
第一节
餐饮服务管理
一、明确餐饮服务要求
二、制定餐饮服务质量标准
三、餐饮服务质量控制
四、餐饮服务质量定期反馈
第二节
餐饮卫生管理
一、员工健康检查
二、员工卫生管理
三、餐饮环境卫生管理
四、餐饮设备、用具卫生管理
五、食品卫生管理
六、做好垃圾处理工作
七、防治病媒生物
八、定期进行卫生检查
第三节
食物中毒应急管理
一、了解食物中毒的原因
二、预防食物中毒的方法
三、处理食物中毒事件
四、应对食物中毒投诉

第一节 餐饮服务管理

餐饮服务是酒店服务的重要一环，在整个用餐过程中，服务员的表现可以影响客人的用餐体验。正确、优质的服务能够提升客人的满意度，为客人将来再次光临奠定基础。

一、明确餐饮服务要求

1. 凡是客人能看到的必须整洁美观

餐厅的整体环境，如餐厅的台面、墙面、顶面、地面等会影响客人对餐厅的第一印象。因此，酒店经理必须注意店容店貌，餐厅装修要精致典雅，装饰布置要富有格调，物品摆放要整齐有序，餐厅环境要洁净美观，餐厅气氛要优雅高级。同时，酒店经理必须规范员工的仪容仪表与言行举止，使员工端庄、得体和大方。

2. 凡是提供给客人的必须有效

① 设施设备应有效，即餐厅的功能布局要合理，设施要配套，设备要完好，运行要正常，使用要方便。

② 餐厅用品应有效，即餐厅用品在数量上要满足客人的需求，在质量上要符合物有所值的要求，在摆放上要方便客人使用。

③ 服务规程应有效，即餐厅服务项目的设置要到位，服务时间的安排要合理，服务程序的设计要科学，服务方式的选择要恰当，服务标准的制定要合理，员工的服务技能要熟练。

3. 凡是提供给客人的必须安全

餐厅所提供的环境、设施、用品及服务必须保证客人人身、财产和心理等的安全。

安全是客人最低层次的需求。要想保障客人的安全，就应做好图4-1所示的几项工作。

要保证设施设备的安全性

确保装修设计科学安全，消防设施完善，防盗装置有效，设备安装规范等

要保证安全管理制度的有效性

制定科学、完善的安全管理制度，以及有效的安全防范措施等

要保证服务的安全性

制定科学、合理的操作规程，选择人性化的服务方式，尊重客人的隐私，以及保证客房的私密性等

图4-1　保障客人安全的措施

4. 凡是餐厅员工对待客人必须亲切礼貌

对待客人亲切礼貌是餐厅对客服务的基本要求，其主要表现在员工的面部表情、语言表达与行为举止三个方面，具体如表4-1所示。

表4-1　对待客人亲切礼貌的主要表现

序号	表现	基本要求
1	面部表情	对餐厅服务员工来说，微笑服务是最基本的要求。但是，仅仅有微笑是不够的，微笑服务要与良好的仪容仪表相结合，同时要对客人有发自内心的热情，辅以柔和、友好、亲切的目光，在服务中及时与客人沟通，这样才能笑得自然、笑得自信，并让客人感觉到亲切
2	语言表达	例如，称呼客人时要用敬语，客人进入餐厅时要用迎候语，与客人见面时要用问候语，提醒客人时要用关照语，被客人召唤时要用应答语，得到客人的协助或谅解时要用致谢语，客人致谢时要用回谢语，由于餐厅条件不足或员工工作疏忽未满足客人需求或给客人带来麻烦时要用致歉语，询问客人或要求客人配合时要用请求语，客人着急或感到为难时要用安慰语，客人离开时要用告别语
3	行为举止	要使餐厅的服务标准真正得到落实，全体员工必须确立积极的服务态度，并做到“三个一致”，即前后台一致、内外一致与上下一致。在对客服务方面，无前后台之分、无内部和外部之分，无上司与下属之分，都必须执行同一标准

二、制定餐饮服务质量标准

在餐饮部主管的协助下，酒店经理应根据餐饮业最新相关标准和餐厅实际情况制定更有针对性的餐厅服务质量标准，具体内容如下。

① 餐厅设领位员、服务员、跑菜员等，并保证服务规范、程序完善。

② 上岗的服务员要做到仪容端正、仪表整洁，符合员工手册要求。

③ 营业前召开班前会，做好上岗前的检查工作，明确各岗位分工，了解本班的宴会、冷餐会、会议的具体安排情况及日常营业情况。

④ 用英语接待外宾，做好菜点、酒水的介绍和推销工作。

⑤ 按相应的规范为各式宴会、散餐铺台，确保桌椅横竖对齐或摆成客人要求的图案。铺台前要洗净双手，以免污染餐具。

⑥ 中西餐菜单、酒单应设计美观、质地优良、印刷清晰、中英文对照、干净无污渍，确保菜单、酒单上的品种能正常供应。

⑦ 使用托盘为客人服务，保持托盘干净、无油腻。

⑧ 严格执行报菜名制度，每上一道菜都要向客人报菜名。

⑨ 为客人倒第一杯酒，按餐间服务流程及质量标准做好斟酒、分菜、换盘等服务。

⑩ 在客人就餐过程中坚持“三勤”服务，即嘴勤、手勤、眼勤。

⑪ 按中西不同菜式的上菜顺序出菜，确保传菜无差错。

⑫ 确保第一道菜的出菜时间距点菜时间不超过15分钟。

⑬ 确保桌上烟灰缸内的烟头不超过三个，并按操作流程及时更换烟灰缸。

⑭ 设立无烟区，并在桌上放置提示牌。

⑮ 上菜、上汤、上饭时手指不触及食物，汤水不外溢。

⑯ 给客人递送账单要用收银夹，请客人核对账单，收款后向客人道谢。

⑰ 客人用餐结束后主动向其征求意见，得到反馈后向客人道谢，并欢迎客人再次光临。

⑱ 餐厅内放置客人意见征求表，及时收回客人填完的意见征求表。

⑲ 保持餐厅走廊过道、存衣处等公共区域干净、整洁、无浮尘、无污渍。

⑳ 保持门窗光亮，确保地毯、地板、墙面、天花板等无积灰、无四害、无蛛网。

三、餐饮服务质量控制

1. 服务程序控制

在开餐期间，餐厅主管应指挥服务员按标准服务程序为客人服务，当服务员出现差错时应及时纠正。

2. 上菜时机控制

在开餐过程中，要根据客人的用餐速度和菜肴的烹制时间等上菜，既不要让客人等待太久，也不必将所有菜肴一次性上齐。餐厅主管应提醒服务员掌握好上菜时机。

3.意外事件控制

餐饮服务是面对面的直接服务，容易引起客人的投诉。一旦被客人投诉，餐厅主管一定要迅速采取弥补措施，防止事态扩大，影响其他客人的用餐情绪。若是因服务态度而引起的投诉，餐厅主管应及时向客人道歉。发现将要醉酒的客人时，应告诫服务员停止为其提供酒精饮料；对于已经醉酒的客人，要设法帮助其早点离开，以防止其酒后闹事。

4.人力控制

在开餐期间，服务员实行分区看台责任制，在固定区域内为客人服务。餐厅主管要根据餐厅的性质、档次等确定各区域的服务员人数，并在营业过程中根据上客量变化灵活调整。例如，某一个区域突然坐了很多客人，就应从别的区域抽调服务员支援，等情况正常后再将其调回原服务区域。

四、餐饮服务质量定期反馈

服务质量定期反馈分为内部反馈和外部反馈两部分，具体如表4-2所示。

表4-2 服务质量定期反馈

序号	类型	具体说明
1	内部反馈	内部反馈是指来自服务员、厨师和中高层管理人员等酒店内部人员的反馈。每日营业结束后应开简短的总结会，及时发现当天工作中出现的问题，及时改进服务质量
2	外部反馈	外部反馈是指来自客人等外界人士的信息反馈。为了及时获得客人的反馈，酒店可在餐桌上放置意见簿，并要求服务员在客人用餐结束后主动征求客人意见。餐厅人员应高度重视客人的反馈，定期进行分析和汇总，不断提升自身服务水平

第二节　餐饮卫生管理

餐饮卫生管理是酒店餐饮管理非常重要的组成部分。酒店必须提供给客人安全、卫生的饮食，这点非常重要，它不仅关系到酒店的口碑和信誉，更重要的是它关乎顾客的健康。

一、员工健康检查

1. 入职健康检查

① 入职健康检查的主要目的包括判定新员工是否适合从事餐饮服务工作；依据新员工的身体状况为其分配适当的工作；将检查结果作为日后员工健康管理的基本资料等。

② 入职健康检查项目包括过往病史，身高、体重、视力与听力，胸部透视，血压，尿常规，粪便常规（必要时做粪便寄生虫卵检查）等。

2. 定期健康检查

① 检查目的：定期健康检查的目的在于帮助员工提前发现疾病和健康隐患。有些疾病并没有自觉症状，定期健康检查有助于员工及时发现疾病并治疗，同时可帮助受检者了解自身的健康状态及变化情况。

② 检查次数：定期健康检查至少每年一次，这样才能达到预防的效果。

二、员工卫生管理

1. 个人卫生管理

① 从事餐饮工作的人员应具备一定的健康意识，懂得基本的健康知识，保持身体健康、精神饱满、睡眠充足，患病要及时报告。

② 餐饮工作人员应讲究个人卫生，养成良好的卫生习惯。

③ 餐饮工作人员在工作时应穿戴清洁的工作衣帽，以防止头发、毛线等异物混入食品。

④ 餐饮工作人员要养成勤洗手的习惯，由于手经常与食品直接接触，而且是传播细菌和疾病的主要媒介，因此保持手部清洁相当重要。当必须用手直接接触食物时，最好戴上完整、清洁的手套以确保食品卫生。

2. 工作卫生管理

工作卫生管理的目的是防止因餐饮工作人员疏忽而导致的食物、用具污染。

① 工作场所不可饮食、吸烟，并尽量不与他人交谈。

② 拿取餐具、食物时要采用卫生的方法，不要用手直接接触餐具上客人入口的部位。

③ 餐具要拿柄，玻璃杯要拿底部，拿盘子时拇指只能接触盘子的边缘部分。

④ 每次品尝都要使用已清洁的餐具，不能用手直接抓取；准备食物时要尽可能地使用各种工具。

比如，用夹子、匙、叉等来取冰块、黄油、馅料、面包、糕点等，不能直接用手拿取。

三、餐饮环境卫生管理

1.厨房

厨房的墙壁、天花板应采用浅色、光滑、不吸油和水的材料，应具有易于清洁的表面。各种电器线路和水气管道应合理架设，不应妨碍对墙壁和天花板的正常清扫。

厨房地面应采用耐久、平整的材料铺设，必须经得起反复冲洗，不会因受厨房内高温影响而开裂、变软或变滑，一般选择防滑无釉地砖，必要时可在通道和操作台处铺设防滑垫。同时，地面应有一定的坡度，以利于冲洗、排水和保持干燥。

2.洗手设备

操作人员的双手是传播病菌的主要媒介，酒店应当在容易让手沾上病菌的地方安装洗手设备，如卫生间附近、更衣室内、厨房内等。据调查，操作人员都不愿走一大段路去洗手，因此，洗手设备要数量充足，且应安装在便于使用的地方。洗手设备包括洗手池、冷热水龙头、吹干机等。酒店应按时检修、清理洗手设备，并及时补充卫生用品。

厨房内加工洗涤食物或洗涤设备、厨具的水池不能用于洗手。

3.更衣室和卫生间

员工的便服极易传播病菌，因此员工不能穿着便服上班，也不能将便服挂在厨房、仓库或卫生间里。酒店应设有员工更衣室，以便让员工上下班时更换服装和存放私人物品。更衣室一般不靠近厨房、仓库和餐厅，通风、采光应良好，并有淋浴、洗手池、镜子等设施。

酒店应设员工专用卫生间，以免员工与客人共用卫生间。

① 卫生间设备应齐全，如果洗手池使用自动水龙头，出水时间应不少于15 秒，以免频繁启动开关。

② 卫生纸、肥皂等用品应及时补充。

③ 教育员工使用卫生间后要洗手，可在适当的地方张贴海报或标语。

④ 员工卫生间应设在隐蔽处，出入口应有自动闭门装置。

四、餐饮设备、用具卫生管理

因设备、用具消毒不严而导致食物中毒的事件时有发生。设备、用具表面无垢只能算作清洁，只有当设备、用具表面的细菌被清除到不会引起食物中毒和传染病的程度时才称得上卫生。因此，酒店经理必须重视设备、用具的卫生管理工作。

1.餐饮设备、用具的类别

从饮食卫生的角度来看，餐饮设备和用具大致可分为五大类，具体如表4-3所示。

表4-3 餐饮设备和用具的分类

序号	类型	具体说明
1	加工食材用的设备、厨具	这一类设备、厨具包括厨刀、案板、切菜机、绞肉机、拌面机，以及各种盆、盘、筐等。由于它们与生料直接接触，被细菌污染的可能性较高，因此对这些设备、厨具进行洗涤、消毒十分重要
2	烹调设备和工具	这类设备主要包括炉灶、炒勺、油锅、烤箱等。这类设备如果洗刷不净，在烹饪食物时会产生大量油烟和不良气味，同时会影响烹调效果，并会缩短设备的使用寿命
3	冷藏设备	某些微生物在低温环境下仍能繁殖，时间一长，同样会引起食物腐败变质，因此要做好冷藏设备的清洁卫生工作。管理人员首先要熟悉各类食品的性质、储存温度、可储存时间，并指派专门人员负责冷藏设备的清洁卫生工作
4	清洁消毒设备	这类设备包括洗碗机、洗杯机、洗涤池等。只有做好该类设备的清洁卫生工作，才能确保被洗涤和消毒的餐具的清洁卫生
5	储藏和输送设备	这类设备包括橱柜、架子、推车等。它们虽然不与食物直接接触，却经常与餐盆、碗碟等餐具直接接触，如不经常进行清洁消毒，也可能会间接地引发食物中毒和传染病

2.餐饮设备、用具清洁卫生操作规程

设备、用具的清洁卫生工作必须严格按照操作规程进行。由于各种设备、用具有不同的特点，管理者在制定操作规程时应充分考虑以下因素：设备、用具种类，清理时间，拆卸、清洗、安装步骤，安装注意事项，清洁剂和消毒剂的性质、用量和水温等。

五、食品卫生管理

食品卫生管理的重点包括以下几项。

1. 食品卫生控制

① 厨房在正式取用食品时，要认真鉴定。例如，罐头类食品若已膨胀、有异味或汁液混浊不清，就不应使用；高蛋白食品若有异味或表面黏滑，也不应使用；果蔬类食品若已腐烂，更不应使用。

② 对不能凭借感官作出判断的食品，可送卫生防疫部门鉴定以确定其是否可以使用。

③ 对盛放过变质食品的一切器皿应清洗消毒。

2. 食品解冻卫生控制

① 对冷冻食品要用正确的方法解冻，尽量缩短解冻时间，并确保食品在解冻过程中不会受到污染。各类食品应分类解冻，不可混合在一起解冻。

② 流水解冻时水温应控制在22℃以下，自然解冻时室温应控制在8℃左右。烹饪解冻是既方便又安全的一种解冻方法。切忌将食品放置在自然温度下过夜解冻，这是最不安全的做法。

③ 已解冻的食品应及时加工，不能再次冷冻。

3. 食品清洗卫生控制

清洗食品时要确保食品干净、安全、无异物，并将洗完的食品放置在卫生的地方，避免交叉污染和混入杂物。

4. 加工时间与温度控制

加工容易腐败的食品时，要尽量缩短加工时间；大批量加工食品时，应逐步分批将食品从冷藏库中取出，以免后加工的食品因在自然环境中放置过久而变质；加工环境温度不宜过高，以免食品在加工过程中变质；加工后的成品应及时冷藏。

5. 食品配制卫生控制

配制食品的工具要清洁并且是专用的，切忌用餐盘作为生料配菜盘；配制后的食品不能及时烹调的要立即冷藏，需要时再取出；不得将配制后的半成品放置在厨房中；配制时间要尽量接近烹调时间。

6. 食品烹调加热卫生控制

烹调加热食品时要确保充分杀灭细菌；盛装时餐具要洁净，不得使用工作抹布擦抹餐具。

7. 冷菜生产卫生控制

冷菜制作应在空间、设备、用具方面同生菜制作分开，切配时应使用专用的刀、砧板和抹布，切忌生熟交叉切配；相关用具要定期消毒；操作时要尽量简化制作手法；装盘不可过早，装盘后不能立即上桌的应使用保鲜纸密封并冷藏。

8. 剩余食品卫生控制

剩余食品应及时冷藏，并尽早用掉。

六、做好垃圾处理工作

酒店应配备足够数量的防蝇、防鼠、不吸潮、不漏水的垃圾桶，桶内应放置塑料袋，以便包扎清理，并加盖密封，以免不良气味外溢污染空气。垃圾桶应及时清理，且每次清理后应用热水、消毒剂认真洗刷。

垃圾依其物理状态可分为气态垃圾、液态垃圾和固态垃圾三种，如表4-4所示。

表4-4　垃圾分类

序号	垃圾类型	具体说明
1	气态垃圾	指厨房抽油烟机排出去的油烟。油烟不但会造成污染，而且容易引发火灾，因此必须慎重处理
2	液态垃圾	包括卫生间污水、排泄物，厨房污水、泔水等。卫生间的排泄物应设专管排出，厨房污水等应直接排入排水沟，泔水则给养猪户充当肥料
3	固态垃圾	主要来自厨房，应对其进行分类处理，然后分别装入垃圾袋中投入相应垃圾桶，最后将垃圾桶盖好

七、防治病媒生物

苍蝇、蟑螂、老鼠等病媒生物会污染食物、炊具、餐具并传播各种疾病，会对食品卫生产生极大威胁，因此必须采取以下措施对其进行防治。

① 防止病媒生物进入厨房、仓库、餐厅，一旦发现应立即灭杀。

② 酒店各处通往室外的门都应有自动关闭功能，窗子要密封或装纱窗，特别是厨房、储藏室、餐厅、卫生间、垃圾房等地，尽量减少苍蝇、蟑螂、老鼠等进入的机会。

③ 墙壁、天花板、地面出现缝隙后，蟑螂便会藏匿于其中，应及时予以修补。

④ 仓库进货时应严格检查箱装、袋装物品，查看是否有蟑螂、老鼠等混入。

⑤ 营业结束后应清理工作场所，及时洗涤各种工具、设备，收藏所有食品。定期检查储藏室、仓库、垃圾房是否有“四害”（苍蝇、蚊子、蟑螂、老鼠）存在，并定期捕捉灭杀。

八、定期进行卫生检查

所有的卫生管理工作成果都要通过检查确认，餐饮部主管要经常对本部门的卫生状况进行检查，酒店经理也要不定期地开展餐饮卫生检查工作，以强化卫生管理工作。

第三节　食物中毒应急管理

如果酒店不能保证食品的质量和安全，将会极大地威胁到客人的健康和生命安全。因此，食品安全管理在酒店餐饮管理中是至关重要的。

一、了解食物中毒的原因

在餐厅发生的食物中毒事件主要是由食品加工人员对食物处理、烹制及保管不当等所致。

引发食物中毒的主要原因有以下几个方面。

① 食品冷藏不当，如冷藏温度不够低，导致食品变质。

② 食品加热处理不当，如食品加热的时间过短，以致未能有效杀死细菌。

③ 食品储存不当，致使细菌快速繁殖。

④ 烹调后的菜品放置过久，未加热就直接食用。

⑤ 携带病菌的人接触过食品。

⑥ 食品交叉污染。

⑦ 食用已污染的生食或熟食。

⑧ 容器、器具不洁，残留了很多污垢。

⑨ 食材来源不安全。

⑩ 直接食用未做处理的剩余食品。

⑪ 误食有毒的食品。

⑫ 食用不良发酵的食品。

⑬ 误食或错误使用添加剂。

小提示

酒店经理和餐饮部主管要特别关注上述因素，抑制病菌传播，这样才能将食品安全隐患降到最低，从而有效地预防食物中毒事件的发生。

二、预防食物中毒的方法

预防食物中毒的方法有三种，具体如表4-5所示。

表4-5　预防食物中毒的方法

序号	方法	具体说明
1	保持加工过程的清洁	厨房员工在开始烹饪前一定要把手彻底洗干净；加工食材的器具，如餐具、砧板、抹布等，应该用水或消毒药水反复清洗，洗干净后，如果有条件，要在太阳下暴晒；食品加工人员如果手指有伤口或脓疮，应该套上手套或指套后再从事加工工作，否则伤口或脓疮里面的细菌会污染食品，进而引起食品中毒
2	避免食材存放太久	食材采购回来后不要放置太久，应尽快烹饪供食，尤其是生食的食材，越快处理越好。即使是加工好的食品也要赶快处理，因为烹饪后的食品很容易滋生细菌。餐饮部应事先做好统计测算工作，每次加工的食品不要太多
3	注意食品的加热与冷藏	细菌通常不耐热，加热到70℃以上就能将大部分细菌杀死，因此将食品加热以后再食用比较安全。细菌还比较怕冷，虽然冷藏以后不会让其死掉，但是可有效抑制其繁殖，甚至温度非常低（–18℃以下）时大部分细菌根本不能繁殖。能够有效抑制细菌繁殖的温度是5℃以下

三、处理食物中毒事件

发生食物中毒事件后，处理步骤如下。

① 客人在用餐时突然晕倒或出现其他不良症状，离该客人最近的服务员应立即上前将其扶到座位上，并及时向酒店经理或餐饮部主管报告。

② 餐厅员工应在第一时间将客人送往就近医院（或医务室）进行抢救，紧急情况下须拨打120急救电话。

③ 若出现两例（含两例）以上相同症状的客人，应立即停止销售工作，做好现场

保护，并通知食品卫生监督部门人员到场调查处理。

④ 保存好出售食品的样品，以备相关部门化验检查。

四、应对食物中毒投诉

客人投诉食物中毒时，处理步骤如下。

① 酒店经理接到客人投诉后，应立即向客人了解具体情况，如就餐时间、消费的食物等。

② 请客人出示医院诊断书。

③ 告知客人酒店将在最短时间内进行处理，并征询客人的意见。如果客人提出赔偿要求，应告知客人酒店将会根据调查结果给出令其满意的答复。

④ 酒店经理立即组织人员对客人消费时间段所提供的食品进行检测，同时将客人出示的医院诊断书拿到该医院了解客人的具体病因。

⑤ 确定造成客人食物中毒的食品不是本酒店产品时，及时与客人取得联系，将检测结果告诉客人，并欢迎客人再次光临。

⑥ 确定造成客人食物中毒的食品是本酒店产品时，酒店经理应会同各部门主管与客人商议赔偿及善后事宜。

第五章

酒店安全管理

酒店管理不单单体现在服务与卫生层面，安全问题也是酒店经理应该重视的部分，有好的安全管理基础，才能保证酒店的投资回报率。

本章思维导图

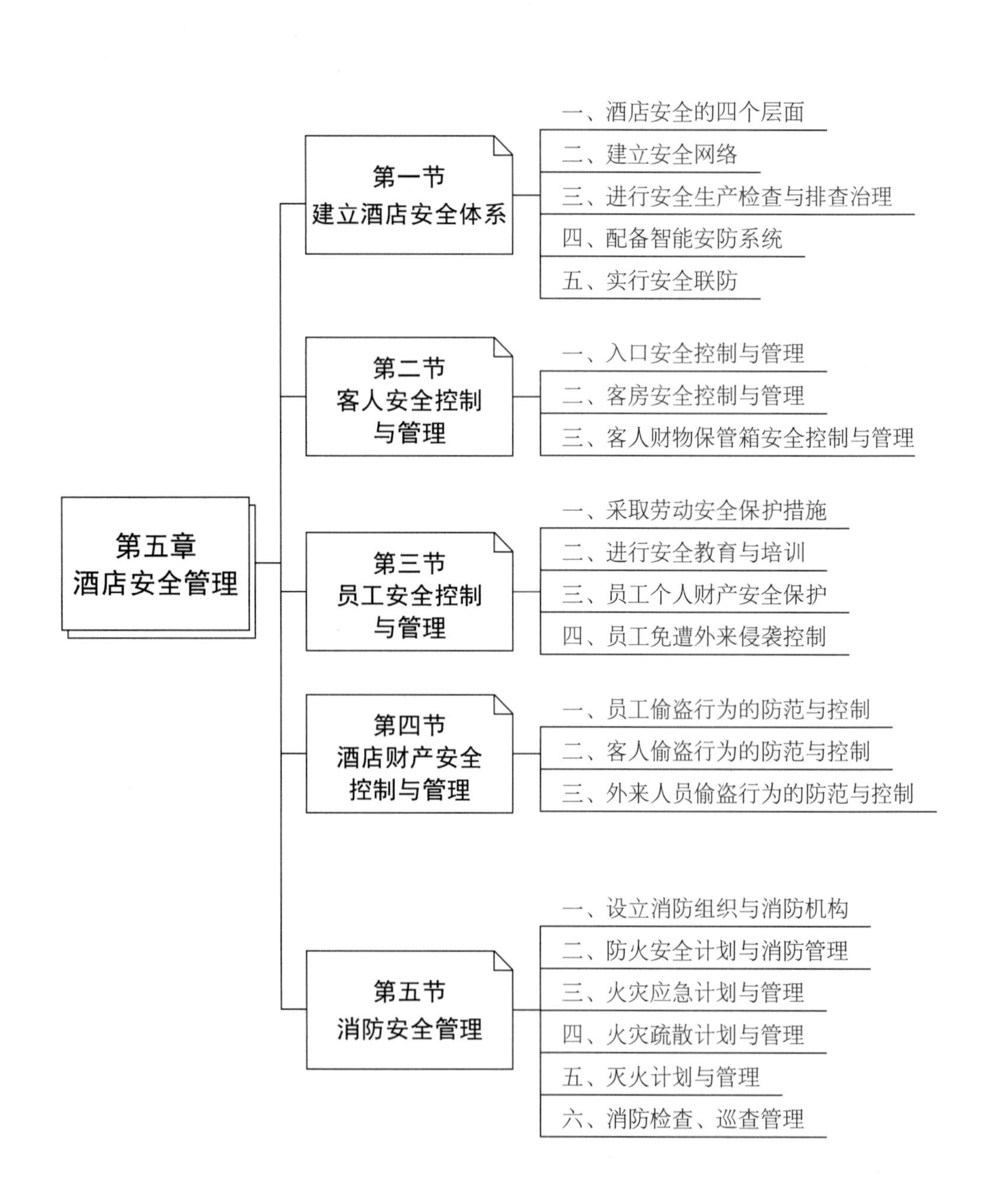

第五章
酒店安全管理
第一节
建立酒店安全体系
一、酒店安全的四个层面
二、建立安全网络
三、进行安全生产检查与排查治理
四、配备智能安防系统
五、实行安全联防
第二节
客人安全控制与管理
一、入口安全控制与管理
二、客房安全控制与管理
三、客人财物保管箱安全控制与管理
第三节
员工安全控制与管理
一、采取劳动安全保护措施
二、进行安全教育与培训
三、员工个人财产安全保护
四、员工免遭外来侵袭控制
第四节
酒店财产安全控制与管理
一、员工偷盗行为的防范与控制
二、客人偷盗行为的防范与控制
三、外来人员偷盗行为的防范与控制
第五节
消防安全管理
一、设立消防组织与消防机构
二、防火安全计划与消防管理
三、火灾应急计划与管理
四、火灾疏散计划与管理
五、灭火计划与管理
六、消防检查、巡查管理

第一节 建立酒店安全体系

对于客人来说，酒店除了要价格合理外，安全也十分重要。如果酒店不能给客人安全感，哪怕酒店的价格再低，也吸引不了客人。

一、酒店安全的四个层面

酒店安全是指酒店范围内的所有人、财、物处于安全状态，一种没有危险、不受任何威胁的生理的、心理的安全环境。酒店安全包含四个层面的内容，如图5-1所示。

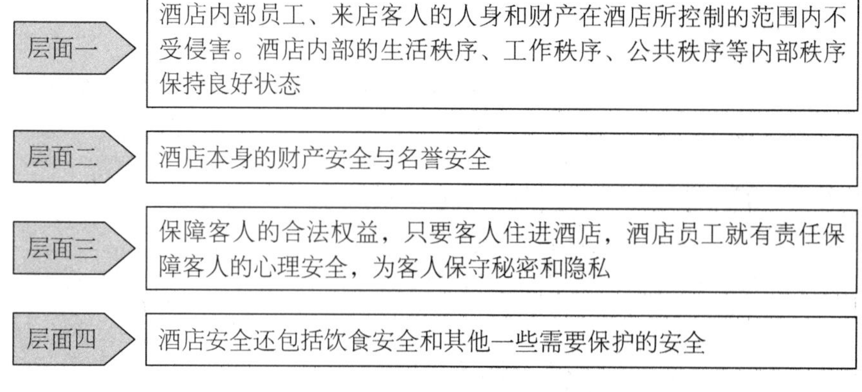

图5-1 酒店安全的四个层面

二、建立安全网络

由于酒店安全管理的复杂性，酒店的安全管理工作除由保安人员负责外，还应根据酒店的特征，建立有效的安全网络。酒店的安全网络由酒店的各级管理人员和一线员工组成，与保安人员共同完成酒店安全管理工作。

1. 安全组织和安全机构

酒店要想做好安全管理工作，应按照公安部门的要求，建立相应的安全组织和安全机构。

（1）安全组织

安全组织是指酒店成立的治安委员会，它主要由酒店专门负责安全工作的领导、保安部和其他有关部门的负责人组成，其工作主要是全面规划酒店的治安工作，制订与落实酒店治安工作计划与政策，制定逐级的治安责任制，定期检查各部门的治安工作等。

（2）安全机构

安全机构是指酒店安全工作的执行机构，负责日常安全工作的布置、指导、监督、检查，以及对治安事故的处理。

2. 酒店安全部门

（1）配备安全管理人员

酒店的安全工作是关系到酒店能否正常经营的一项长期而重要的工作，它贯穿酒店整个生产服务的全过程。因此，专职的安全管理人员及安全执行人员是酒店组织机构中必不可少的。

（2）其他工作

为保证酒店安全工作的有效管理及执行，酒店安全部门还须做好图5-2所示的工作。

合理地组织专职保安人员，明确其职责任务，建立好上下沟通的渠道，使保安部在酒店安全工作中具有权威性，有利于安全工作的开展

为保安人员提供必要的训练，使其明确掌握酒店安全工作所必须具备的知识和技能

重视保安人员的工作，为其提供各种必要的、合适的工具、设备及有效的技术支持

配合安全部门建立执行安全工作所必需的各种信息及反馈系统，提供各种详细的岗位职责说明、安全检查表及各部门的业务情况，使安全部门能更为有效地开展工作

图5-2　酒店安全部门应做的工作

3. 酒店安全部门的任务

（1）酒店内部管理

作为酒店安全管理的对口部门，安全部门除了要保证酒店的安全，还应协助酒店经营者管理内部事务，严格履行安全工作职责，具体任务如图5-3所示。

任务一	负责对员工通道和员工上下班进出口进行纪律检查，纠正违纪行为
任务二	对携带酒店物品外出的人员要按规定进行检查，防止发生偷盗事件
任务三	根据酒店实际，制定酒店内部的安全制度，在对酒店的经营范围、建筑结构及工程设备的分布进行统筹考虑的基础上，合理安排保安人员，正确划定巡查线路
任务四	维护酒店内的工作秩序，制止员工的违章、违纪行为，如在酒店内嬉戏打闹、损坏公物等
任务五	对酒店公共区域要加强管理，注意有无擅离岗位的员工、衣履不整或不佩戴名牌的员工，对于无端串岗的员工或下班后仍逗留酒店的员工要格外注意

图5-3　酒店安全部门的管理任务

（2）保安人员管理

根据安全部门的工作性质，保安人员除了应遵守酒店的员工守则，还应该根据保安工作的要求，强调自身的遵法守纪。因此，保安人员应遵守图5-4所示的规定。

规定一	保安人员要做到律人律己，如保安人员自己违反纪律，一律从严处理
规定二	加强日常训练，严格日常管理和内务检查，定期进行思想政治和业务知识培训
规定三	在值勤和日常工作中要自尊自爱，做到廉洁奉公、遵守原则，不得损人利己、损公肥私
规定四	保安人员应服从上级安排，上下同心，通力配合

图5-4　保安人员应遵守的规定

三、进行安全生产检查与排查治理

安全生产检查对于保障酒店的安全运营和服务质量至关重要。酒店经理应当充分认识到安全生产检查的重要性，投入足够的资源和精力，以确保检查的全面性和严谨性。只有通过规范检查和严格管理，才能确保酒店的安全和可持续发展。

1. 检查类型

（1）定期安全生产检查

通过这种有计划、有组织、有目的的形式来对酒店工作现场进行检查，能深入了解情况，及时发现并解决问题。可根据酒店实际情况，确定定期安全检查的周期。

（2）经常性安全生产检查

每月采取日常巡视的方式对现场生产过程进行经常性的预防检查，及时发现隐患并消除，保证酒店正常运转。由酒店经理、安全主任、各部门安全负责人等进行不定期检查，并形成记录。

（3）季节性及节假日前后安全生产检查

根据季节变化，按事故发生的季节规律，对各季节易发事故的预防工作进行重点检查，如冬季防冻、防火、防煤气中毒检查，夏季防暑、防汛、防雷电等检查。

由于节假日（特别是重大节日，如元旦、春节、国庆节）前后，员工沉浸在节日的喜悦中，容易发生事故，因而应在节假日前后进行有针对性的安全检查。

（4）专业（专项）安全生产检查

对消防安全、用电安全、厨房作业安全等进行专项检查。通过检查，发现潜在问题，及时研究整改对策，消除隐患，进行技术改造。每月应各做一次消防安全、用电安全、厨房作业安全等专项检查。

2. 排查治理内容

① 安全生产责任制建立及落实情况。

② 隐患排查治理制度制定与落实情况，安全教育培训情况。

③ 电气设备、特种设备、消防设备等的运行记录和检测记录。

④ 生产现场安全警示标识设置及消防安全出口指示牌、应急灯设置情况。

⑤ 特殊工种持证上岗情况是否达到要求。

⑥ 应急预案制定及演练情况，以及应急设备是否合格。

3. 排查治理工作方法

隐患排查治理工作要做到“四个结合”，如图5-5所示。

4. 事故隐患的上报和排查整改

按照酒店的相关规定，对事故隐患的上报和排查整改实行责任制。

① 对部门和个人通过各种途径上报的事故隐患，应按规定及时查实，并认真协调、督促有关部门进行彻底整改。

② 酒店各部门在各自职责范围内，定期组织对安全生产情况的监督检查，及时发现并消除各类事故隐患，尤其要加强对重大事故隐患的排查和监管。

其一	与安全生产专项整治结合起来，狠抓薄弱环节，解决影响安全生产的突出矛盾和问题
其二	与日常安全生产监管结合起来，完善应急体系，建立长效机制
其三	与安全生产监督检查结合起来，联合各职能部门开展抽查，加强督促指导
其四	与强化安全管理和技术进步结合起来，强化安全标准化建设和现场管理，加大和落实安全投入，夯实安全管理基础，提升本质安全水平

图5-5　排查治理工作的“四个结合”

③ 各部门对重大隐患或一时难以解决的隐患，要先采取必要的临时安全措施，再上报总经理，由总经理负责协调解决。

④ 各部门要建立健全事故隐患台账，将各类事故隐患的发现、隐患具体情况、整改措施、整改结果、复查时间等逐条进行详细记录。

⑤ 各部门定期将发现的事故隐患进行汇总并向酒店领导汇报，同时，对事故隐患整改情况进行督查。

⑥ 对未履行职责，不认真监管或未按规定上报各类隐患的人员，按有关规定严肃处理。

⑦ 结合酒店的实际情况，建立监督和激励机制，公布隐患汇报电话，强化检查监督和员工监督。

⑧ 加强节假日、重大活动期间及极端天气多发季节的安全检查，及时沟通和掌握安全隐患治理活动的进展和动态趋势，推动各阶段工作任务的开展实施。

酒店经理要深刻认识做好隐患排查治理工作的重大意义，各部门主管要切实履行安全生产第一责任人的职责，将工作责任层层分解落实，做到各个环节责任到人。

5. 及时总结经验教训

及时总结酒店在安全管理问题上的经验教训，对安全工作做得好的部门及个人要进行表扬、奖励，对存在的安全隐患的部门要提出警告；对已发生安全事故的部门，则应依照酒店的安全管理规则进行处理，认真查清事故原因，判明事故性质，对事故的责任人，给予处分。

【实战工具15】

客房区域安全检查表

日期： 天气：　　班次： 巡查楼层：　F至　F 检查频率：　　/次	检查时间	
	1. 时　分至　时　分 2. 时　分至　时　分 3. 时　分至　时　分	4. 时　分至　时　分 5. 时　分至　时　分 6. 时　分至　时　分

检查项目	检查内容	检查情况											
		是	否	是	否	是	否	是	否	是	否	是	否
消防安全	1.疏散指示灯正常												
	2.疏散通道无堆积物												
	3.疏散门可正常开启												
	4.烟感报警器无故障、缺少，周围无遮挡												
	5.消火栓箱内器材齐全无破损												
	6.玻璃破碎报警器无破损												
	7.灭火器压力正常，保险销在位												
	8.大功率电器工作正常												
	9.员工无在酒店吸烟行为												
设备安全	1.空调及给水管道运作正常，无渗漏												
	2.电梯运行正常无异常声响												
	3.无设备运作的噪声												
	4.客房门无开启闭合失灵												
	5.瓷砖地面干燥无打滑												
	6.地毯角无磕绊危险												
	7.闭门器工作正常												
	8.电源插座及电线无老化、发黄现象												
	9.装饰品摆（挂）放牢固												
治安安全	1.楼层有服务人员在位												
	2.楼层无不明无主行李及包裹												
	3.无闲杂人员												
	4.房门均关闭无虚掩												
备注													
检查人													
审核		直属主管						签发人					

四、配备智能安防系统

智能安防系统在酒店管理中的作用越来越重要，酒店在设计智能安防系统时不仅要结合现代科技，更要着重考虑实用性和安全性，并通过合理的人员配置，达到人防、技防相互配合的效果，最终实现安全防范的目的。

例如，根据酒店周边环境及内部情况，可在酒店外的干道等公共区域，采用以摄像监控为主，保安人员巡查为辅的方式进行安全防范，以便监控中心能及时了解情况，进行必要控制，确保区域安全；酒店内部区域，可采用报警探测器和摄像监控相配合，再辅以门禁控制和巡更系统的防范手段；在楼宇外墙布设主动红外预警系统，通过人防和技防的结合，确保酒店安全。

酒店智能安防系统主要包括图5-6所示的几个子系统。

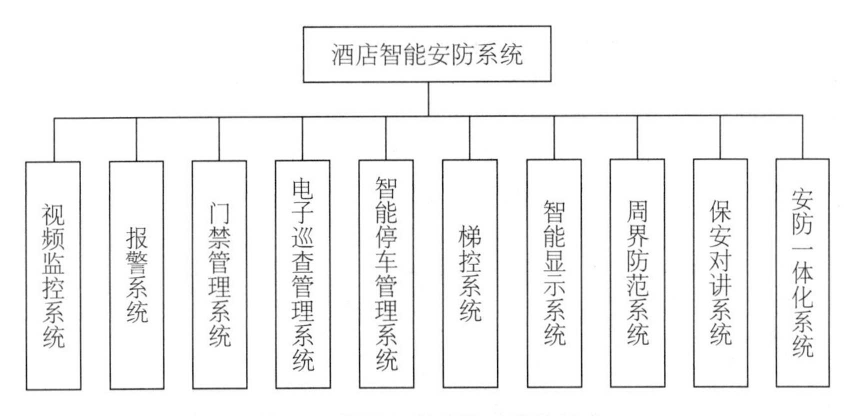

图5-6　酒店智能安防系统的组成

1.视频监控系统

酒店是为旅游、商务出行等人群提供住宿、餐饮、休闲等综合服务的场所，因其具有开放性，常年有陌生人出入，酒店大门、前台、候梯厅等公共区域的人流量更是集中，对于这些公共区域应部署视频监控系统，以达到实时监控、录像取证等目的。

（1）视频监控系统应达到的要求

视频监控系统通过前端视频采集设备即摄像机将现场画面转换成电子信号传输至监控中心，然后通过显示单元实时显示，通过存储设备实时存储等，实现工作人员对各区域的远程监控及事件检索。视频监控系统应达到的要求如图5-7所示。

（2）视频监控系统应具备的功能

视频监控系统可以直观有效地监控酒店的各个区域，提高服务人员的自律能力和服务质量，提升酒店的安全管理能力。一般来说，酒店的视频监控系统应具备表5-1所示的功能。

要求一 监控系统的画面显示应能任意自动或手动切换，在画面上应有摄像机的编号、所监控场景的地址和时间、日期等

要求二 监控系统能与报警系统、出入口控制系统和火灾自动报警系统联动，自动把现场图像切换到指定的监视器上，并自动录像。

要求三 监控系统应能对重要或要害部门和特殊部位进行长时间录像

要求四 监控系统应能与安全防范综合管理系统联网，实现综合管理系统对视频监控的集中管理和控制

要求五 可通过标准接口，接入BAS（宽带接入服务器）实现二次监测及必要联动

图5-7 视频监控系统应达到的要求

表5-1 视频监控系统应具备的功能

序号	功能	具体说明
1	监视功能	在大厅、通道等重要部位，重要部门及其他安保要求较高的地方安装摄像机，摄像机采集的摄像信号通过同轴视频电缆传送至保安监控中心，通过矩阵切换器的切换，将视频画面显示到若干台电视监视器上，值班保安通过监视器，能随时发现可疑的迹象，以便及时采取行动
2	记录功能	视频监控系统采用数字硬盘录像机，可以将重要的需要连续监视的画面录制在硬盘上，定期存档，以便在发生事故后重放，搜索事故线索
3	自动操作	当探测器发出警报后，系统能自动联动摄像机、灯光、监视器等设备；使监视器切换到相应画面，摄像机快速转到相应位置，镜头自动变倍变焦，使所摄图像清晰，同时开始录像。一切都为系统自动完成，无需人为操作
4	动态监测	在少有人去的地方，其摄像机监控画面通常是静止的，主控系统通过动态监测功能检测到画面产生变化时，会立即发出警报，同时联动控制室的监视器自动切换到该画面，以便保安人员及时处理
5	远程监控	可以通过ISDN（综合业务数字网）、DDN（数字数据网络）、ATM（异步传输）通信线路实现远程实时监控功能
6	开放式结构	可通过DDE（动态数据交换机制）、串口、继电器等多种方式与其他系统如BA（楼宇自动化）、FA（消防自动化）、OA（办公自动化）系统完美集成。这是目前国际上最先进的闭路电视监视系统集成方式
7	电子地图	可绘制电子地图，在地图上标示所有前端设备点，还可进行地图之间的跳转，方便在大范围区域显示各级地图和所有的报警点
8	电脑助理	可设置“电脑助理”功能，定时自动对各个报警子系统进行布撤防，减轻操作员的工作负担

2. 报警系统

报警系统是酒店安防系统中比较常见的系统之一，该系统用于区域警情检测与防范，由报警主机和前端报警器组成，前端报警器包括红外双鉴报警器、水浸报警器、烟感报警器、燃气泄漏报警器等，当报警器检测到警情时，将报警信息传输至报警主机，报警主机联动报警灯、门禁控制器等设备的同时，将报警信息上传至监控中心平台或者110平台。

报警系统前端报警器构成警戒防区，根据现场具体情况，系统可设置一个或者多个防区，分别部署不同种类的报警器，将这些报警器互联互通，组成具有综合防范功能的防区，最终构成一套高性能多功能的报警系统。可将其应用在酒店重点防范区域，如库房、酒窖、配电室、机房等区域，实现无人值守，安全防范。

3. 门禁管理系统

酒店有机房、库房、配电间、财务室等重要区域，这些区域都不能随意进出，对于此类重点区域应当部署门禁系统。门禁系统可以通过权限管理对房间门锁进行控制，通过门卡、密码、指纹等方式进行身份验证，同时门禁系统亦可与视频监控系统联动，实现开门记录与视频记录的复合。

小提示

建立一套可靠的门禁系统不仅可以达到防偷防盗，降低财产损失的目的，还可对内部工作人员进行有序化管理。

4. 电子巡查管理系统

电子巡查管理系统通过在酒店的主要通道、楼梯间、重要机房、仓库等场所设置巡更点，使安保人员在特定时间内按设计好的线路进行巡更，并用设备读取巡更点上的信息，将巡更数据上传到管理中心以实现酒店安防的人防和技防相结合。该系统具体有图5-8所示的特色。

5. 智能停车管理系统

停车管理系统主要对进出酒店的车辆进行有序高效的管理，包括对酒店内部固定车辆的管理、外来宾客临时车辆的管理。

通过智能停车管理系统可实现对进出车辆的记录、控制、计时收费等功能，免除了工作人员手工登记的烦琐流程，减少了劳动力，节约了成本。该系统应具有图5-9所示的功能。

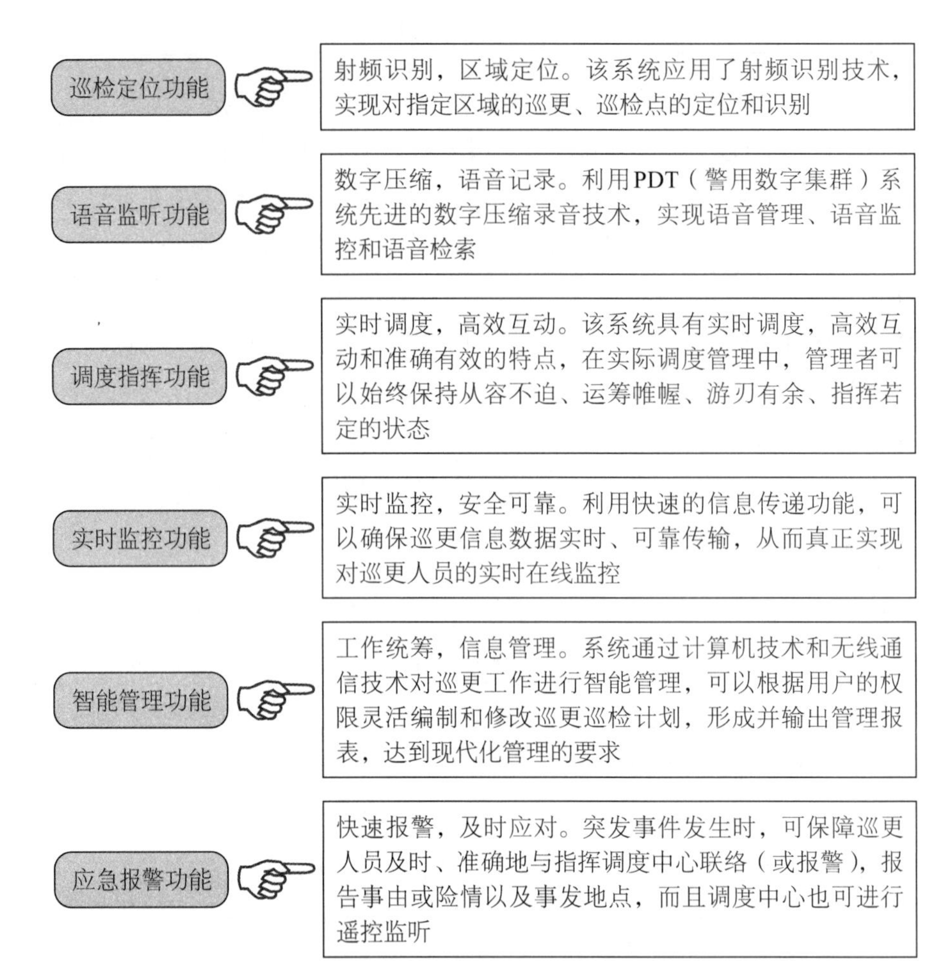

图5-8　电子巡查管理系统的特色

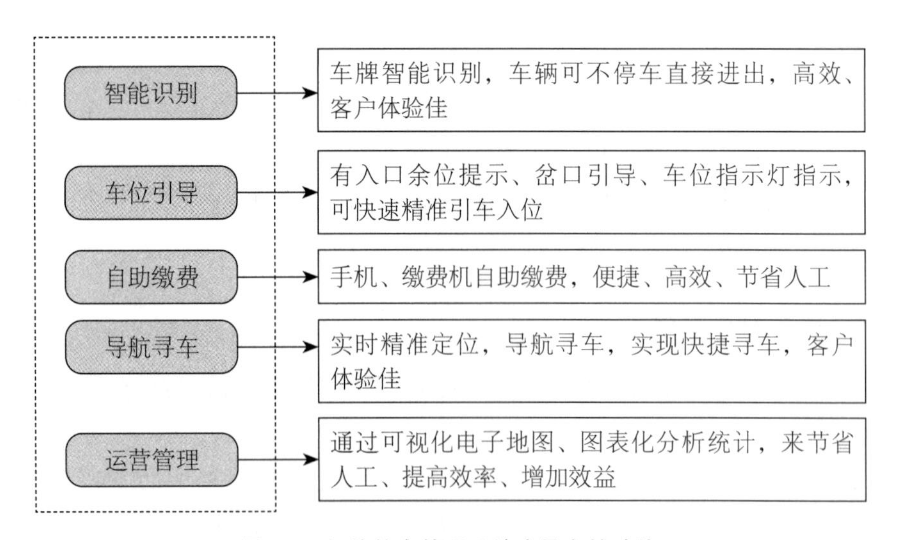

图5-9　智能停车管理系统应具有的功能

6. 梯控系统

酒店基本都有直达楼层的升降电梯，酒店电梯是通往客房的最常用通道，为保障客人不受非住宿人员的打扰，也为保障酒店内部财产安全，应对电梯使用权限进行控制。

梯控系统由电梯主控器、梯内刷卡器、IC卡管理系统和授权发卡机组成，前台人员将房卡根据客房号授权到客人所住楼层，客人凭授权后的房卡在电梯刷卡器上刷卡使用电梯。

7. 智能显示系统

酒店会议厅的显示系统大都是由多台投影仪或者多台显示器组成，投影仪存在老化速度过快，显示效果差等缺点，因为要吊装大型显示器的后期维护非常困难，而且采用投影仪或显示器等设备组成的显示系统过于老旧，不符合高端酒店会议厅的档次，因此建设一套高端、经济、美观的智能显示系统有助于提升会议厅的档次，也能提升客户体验。同时显示大屏亦可用于视频监控。

比如，有的大屏显示系统由小间距LED显示模块和显示管理平台组成，0.6～2.5mm间距的LED模块，由显示管理平台控制输出，可以达到无缝、真实、高亮等高质量的显示画面效果。

8. 周界防范系统

在酒店周围设立周界防范系统，系统由主动式四光束红外线探测器和带云台的彩色摄像机组成，当有人非法侵入时，主动式四光束红外线探测器将信号传送给监控中心的防盗报警主机，主机就会报警并且联动附近的摄像机，保安人员在监控中心就可以看到酒店外围发生了什么。

9. 保安对讲系统

保安对讲系统可满足酒店保安的通信要求，在紧急或意外事件出现时可以及时对所有相关部门工作人员进行统一的调度和指挥，对事件进行高效、及时的处理，最大限度减少了可能的损失。保安对讲系统应达到的要求如图5-10所示。

10. 安防一体化系统

安防一体化系统要求酒店达到安防一体化的技术要求，安装完善的安防一体化软件，软件可以分别安装在相应的服务器和工作站上，这要求开发者具备对安防各子系统和产品的接口开发能力，最终提供给酒店完善的安防一体化系统。

1

保安控制室作为安全防范系统的指挥中心，与各岗位和各职能部门进行快速有效的联系是非常必要的，对讲系统是技术、物防、人防措施相结合的纽带。对讲系统主机安装于保安控制室

在酒店重要部位、主要通道及保安值班室等安装对讲分机，一旦遇到紧急事件，指挥中心与各部门可通过对讲机直接、迅速取得联系，及时处理紧急事件，是方便有效的通信工具

对讲系统的容量要充分满足酒店管理的需要，除了保安部，工程部、维修部等也需要使用对讲系统

图 5-10　保安对讲系统应达到的要求

五、实行安全联防

为加强酒店安全防范，互通实时治安信息，发挥综合力量及守望相助精神，许多酒店采取安全联防制度，其注意事项如下。

① 非常重要的贵宾莅临酒店参加会议时，应事先将时间、地点、主办单位、会议性质及人数等资料告知联防酒店及派出所。

② 发生治安事故时，应立即填写酒店安全联防通报（记录）表，并通报联防酒店，必要时可请求援助。

③ 接到其他酒店的通报时，应传真至各联防酒店及本酒店相关部门参考，以防止类似事情发生。

第二节　客人安全控制与管理

保证客人生命和财产安全是酒店为客人提供优质服务的前提和基础，是酒店最大的社会效益。

一、入口安全控制与管理

酒店是一个公共场所，除衣冠不整者外，任何人都可自由出入。在人流中，难免有图谋不轨的人或犯罪的人混入其中，因此，入口控制就显得非常重要。酒店入口主要有：酒店大门入口、楼层电梯入口、楼层通道。

1. 酒店大门入口安全控制与管理

① 酒店不宜有过多入口，应把主入口设置在大门。大门入口控制是指在大门入口安排门卫或安装闭路电视监控设备。在夜间，只使用一个入口。

② 酒店大门的保安既是迎宾员，又应是安全员。应对保安进行安全方面的训练，使他们能识别可疑分子及可疑的活动。另外，也要对门厅进行巡视，对进出的人流、门厅里的各种活动进行监视。如发现可疑人物或活动，应及时与值班经理联络，以便采取进一步行动，制止可能发生的犯罪或其他不良行为。

③ 在大门入口处安装闭路电视监控摄像头，对大门入口进行无死角监视。

2. 电梯入口安全控制与管理

电梯是到达楼层的主要通道。许多酒店，设有专供客人使用的电梯。为确保酒店的安全，必须对普通电梯及专用电梯入口加以控制。控制的方法一般是安装闭路电视监控系统。监控的位置一般在大厅电梯口、楼层电梯口、电梯内。

3. 楼层通道安全控制与管理

① 在楼层通道里巡视应是保安人员的一项日常、例行的工作。保安人员的楼层通道巡视路线和时间应经常作调整和变更，不能形成规律，以免被不法分子利用。

② 楼层安全计划应明确要求凡进入楼层区域的工作人员，如客房服务员、客房主管及值班经理等都应起到安全控制与管理的作用，随时注意可疑的人及不正常的情况，及时向值班经理报告。

③ 利用安装在楼层通道中的闭路电视监控系统对每个楼层通道进行监视及控制。

二、客房安全控制与管理

客房是客人在酒店停留的主要场所及其财物的存放处，所以客房的安全至关重要。客房安全控制与管理包括以下三个方面。

1. 客房门锁与钥匙安全控制与管理

为了防止外来侵扰，客房门上要有必要的安全装置，包括双锁门锁、安全链及广角的窥视猫眼（无遮挡视角不低于60°）。除正门之外，其他能进入客房的入口处都要上闩或上锁，这些入口处有：阳台门、与邻房相通的门等。

客房门锁是保护客人人身及财产安全的一个重要设施。酒店对门锁及钥匙的控制与管理是客人安全的一个重要保障。酒店管理者应设计出一个符合本酒店实际情况，切实可行的客房钥匙编码、发放及控制的程序，以保证客房的安全，以及客人人身及财物的安全。一般来说，该程序包括以下的内容。

① 对于电子门锁系统，前台是电子房卡编码、改码和发放的地方。当客人完成登记入住手续后，就发给其房间的房卡。客人在居住期内由自己保管房卡，一般情况下，房卡不宜标有房间号码，以免客人丢失房卡又不能及时通知酒店时，被不良行为者利用。

② 客人丢失房卡时，可以到前台补领，补卡时前台人员应要求客人出示酒店入住卡表明自己的身份，在核对其身份后方能补发重新编码的房卡。对于长住客或前台人员能直接确认的客人下，可以直接补发，以免引起客人的反感。

③ 工作人员，尤其是客房服务员所掌握的万能房卡不能随意丢放在工作车上或插在所打扫客房的门锁上、取电槽内，应将万能房卡随身携带。客房服务员在工作时，如遇自称忘记带房卡的客人要求代为打开房门时，绝不能随意为其打开房门。

④ 需防止掌握客房房卡的工作人员图谋不轨。采用普通门锁的楼层，客房通用房卡通常由客房部掌管，每天上班时发给相应的服务员，待其完成清扫工作后收回。客房部每日都要记录房卡的发放及使用情况，如领用人、发放人、发放及归还时间等，并由领用人签字。客房部还应要求服务员在工作记录表上记录进入与退出每个房间的具体时间。

2. 客房内设施设备安全控制与管理

客房内设施设备安全控制与管理要点如表5-2所示。

表5-2　客房内设施设备安全控制与管理要点

序号	类别	安全控制与管理要点
1	电气设备	客房内的各种电气设备都应保证安全。客房电气设备安全控制与管理包括：客用电视机、小酒吧、各种灯具和开关插座的防爆、防漏电；火灾报警系统探头、蜂鸣器、自动灭火喷头，以及空调水暖设施设备的维护等
2	卫生间	卫生间的地面及浴缸都应有防滑措施。客房内漱口杯、水杯及冰桶等都应及时并认真消毒。如卫生间内的自来水未达到直接饮用的标准，应在水龙头上标上“非饮用水”的标记
3	家具设施	家具设施包括床、办公桌、办公椅、躺椅、行李台、茶几等。酒店应定期检查家具的牢固程度，尤其是床与椅子，使客人免遭伤害
4	其他方面	在客房桌上展示有关安全问题的告示或须知，告诉客人如何安全使用客房内的设备与装置及客房安全设施的作用，出现紧急情况时应联络的电话号码及应采取的行动。告示或须知还应提醒客人注意不要无所顾忌地将房号告诉其他客人和任何陌生人，防止有不良分子假冒酒店员工进入楼层或客房

三、客人财物保管箱安全控制与管理

按照我国的有关法律规定，酒店必须设置客人财物保管箱，并且建立一套登记、领取和交接制度。

酒店客人财物保管箱有两类，一类设在酒店前台内，由前台统一控制。客人存放财物后，由前台服务员和客人各执一把钥匙，取物时，将两把钥匙一起插入才能开启保管箱。另一类是在客房内个人使用的保管箱，客房内保管箱由客人自设密码，进行开启与关闭。应将保管箱的使用方法及客人须知明确地用书面形式告知客人，方便客人使用。酒店须定期检查保管箱的密码系统，以保证客人财物的安全。

第三节　员工安全控制与管理

在员工安全控制与管理中，应根据本酒店的运作过程，结合各个岗位的工作特点，明确员工安全标准、各种保护手段和预防措施。

一、采取劳动安全保护措施

酒店要根据各个岗位工作的特点制定安全操作标准。虽然酒店内的服务工作基本上以手工操作为主，但不同岗位的安全操作标准却不尽相同。

比如，接待员需要防袭击和防骚扰，客房清洁服务员需要防肢体受伤和防清洁剂喷溅，餐厅服务员需要防烫伤、防玻璃器皿划伤等，这些都需要有相应的安全工作操作标准。

随着各种工具、器械、设备应用的增多，酒店应制定各种工具、器械、设备的安全使用标准和操作标准。

二、进行安全教育与培训

安全工作，人人有责，必须让员工树立安全意识，特别是针对突发事件的应急处理要对员工进行培训，提高员工的识别能力及敏锐的反应能力。很多看似常有的现象，主管人员往往认为是小事，因而熟视无睹，很多看似简单的常识，员工不见得都能掌握，特别是新上岗的员工。例如，客房员工为客人临时开房时必须核对证件；总机在接到询问住店客人信息的电话时，必须问明事由，有必要时还应请示领导，不得

随意透露等。

为确保酒店安全，酒店经理应规范酒店各级管理人员及员工的安全生产教育培训工作，使安全培训进入制度化、规范化的工作轨道。

1. 入职培训教育

酒店新员工及转岗员工均须接受酒店、部门、班组三级安全教育，具体如表5-3所示。

表5-3　酒店、部门、班组三级安全教育

级别	负责部门	培训内容
酒店级教育	由酒店培训部负责	安全生产法律法规、方针、政策，酒店安全生产特点和正反两方面的经验教训，防火、防爆、防毒、食品卫生等安全技术知识和急救常识，酒店各项安全生产管理制度及安全技术操作规程，安全防护用品的正确使用方法
部门级教育	由部门经理负责	本部门安全生产特点及设备设施状况、预防事故的措施、部门对安全生产的有关规定、部门常用的劳动用品及消防器材的使用等
班组级教育	由主管、领班负责	岗位工作职责、特点、流程及服务特性，服务标准及安全控制要点，工作注意事项，岗位责任制，岗位安全操作规程，事故案例及预防措施，安全装置和工（器）具的使用方法，疏散逃生通道的位置及疏散客人逃生的技巧等

小提示

酒店内调动（转岗、换岗）及脱岗半年以上的员工重新上岗前，必须对其重新进行二级和三级安全教育培训后方可上岗。

2. 日常培训教育

① 总经理、部门经理、安全员要对员工进行经常性的安全生产意识、安全生产技术和遵章守纪教育，增强员工的安全意识和法制观念，定期研究与员工安全教育有关的问题。

② 充分利用谈心、板报、培训等形式，对员工进行安全生产和职业卫生教育。

③ 定期开展劳动和安全竞赛活动，广泛开展安全生产宣传教育，大力表彰安全生产先进员工，同时对违章者进行教育和处理。

④ 抓好大修或重点项目检修及危险作业项目施工前的安全教育。

⑤ 抓好违章员工、事故责任者和工伤人员复工前的安全教育。

3.特殊培训教育

① 特种作业人员必须按照国家有关规定，经过专门的安全作业培训考核，取得特种作业操作资格证书，方可上岗作业，并按规定进行复审或换证。

② 增加新的服务项目、服务设施前要按新的安全操作规程，对岗位作业人员和有关人员进行专门的培训教育，考核合格后方可进行独立作业。

③ 发生重大事故和恶性事件后，必须严格按照“四不放过”原则，严肃查处，酒店主管部门和酒店安全负责人要组织有关人员进行现场教育，吸取事故教训，防止类似事故再次发生。

三、员工个人财产安全保护

酒店员工个人财产安全保护包括员工宿舍内员工个人财产的安全保护和员工更衣室内员工个人财产的安全保护两个方面，如图5-11所示。

员工宿舍内员工个人财产安全保护

员工宿舍内员工个人财产安全保护包括防止员工内部偷盗及外来人员偷盗两方面内容

员工更衣室内员工个人财产安全保护

原则上，酒店不允许员工带物品进入工作岗位，为确保员工的衣服及随身物品的安全，要为上班的员工提供个人衣物储藏箱，还应告诫员工不要携带过多钱财及贵重物品上班

图5-11　员工个人财物安全保护内容

四、员工免遭外来侵袭控制

① 在酒店中，前台接待员或收银员，很有可能成为受袭击的对象。所以，为保证接待员和收银员的安全，前台应装置报警器或闭路电视监控系统，只保留最小限额的现金。收银员解缴现金时，应由保安人员陪同。酒店还应告诉前台接待员或收银员遭到抢劫时应采取的安全保护措施。

② 客房服务员可能碰上正在房内作案的窃贼而遭到袭击，或受到行为不轨或蛮不讲理的客人的侵扰。一旦发生这种情况，在场的其他工作人员应及时上前协助受侵袭的服务员撤离现场，使其免遭进一步的攻击，并尽快通知保安人员及客房主管迅速赶到现场，据情处理。

③ 另外，给上夜班或下晚班的员工安排交通工具回家或让其在酒店过夜；及时护送工伤及生病员工就医；防范员工上下班发生交通事故；加强员工食堂管理，控制员工饮食安全，防止食物中毒。

第四节 酒店财产安全控制与管理

酒店内拥有大量的设施设备和物品，这些设施设备和物品为酒店正常运行、服务客人提供了良好的物质基础。若这些财产被偷盗或滥用都将影响到酒店及客人的利益，因此，财产安全控制与管理是酒店安全控制与管理中的重要内容。

一、员工偷盗行为的防范与控制

员工在日常的工作及服务过程中，直接接触各类有价物品，这些物品具有供个人家庭使用或再次出售的价值，很容易诱使员工产生偷盗行为。在防范和控制员工偷盗行为时，应考虑的一个基本问题是如何提高员工的素质与道德水准。这就要求酒店在录用员工时严格把好关，在员工入职后对其进行经常性的教育，并有严格的奖惩措施。奖惩措施应在员工守则中载明并严格照章实施。对诚实的员工进行各种形式的鼓励及奖励；反之，对有不诚实行为及偷盗行为的职工视情节轻重给予处分，直至开除。思想教育和奖惩手段是相辅相成的，只要切实执行，是十分有效的。

另外，还应通过各种措施，尽量限制及减少员工进行偷盗的机会及可能。这些措施主要包括以下内容。

① 员工上班都必须穿制服，戴工牌，便于安保人员识别。

② 在员工上下班进出口，应有安保人员值班，检查员工携带进出的物品。

③ 完善员工领用物品的手续，并严格照章办事。

④ 严格控制储存物资，定期检查及盘点物资数量。

⑤ 限制存放在前台的现金额度，解缴现金需有安保人员陪同。

⑥ 严格执行财务制度，实行财务检查，谨防工作人员贪污。

二、客人偷盗行为的防范与控制

由于酒店有些物品具有高档性、稀有性及无法购买性，因此客人也容易产生偷盗行为。虽然客人的素质一般较高，但受喜爱物品的诱惑，也可能有偷窃行为。酒店所配备的客用物品如浴巾、浴衣、办公用品等一般都由专门厂家生产，档次、质量、式样都较好，客房内的装饰物和摆设物（如工艺品、字画、古玩等）也比较昂贵和稀有，这些物品由于具有较高的使用、观赏价值和纪念意义而容易成为住店客人盗取的对象。因此，为防止这些物品被盗，可采取的防范控制措施有以下几种。

① 将这些有可能成为客人偷盗目标的物品，印上酒店的标志或特殊的标记，使客人打消偷盗的念头。

② 对于客人感兴趣，想留作纪念的物品，可以作为商品出售，并在旅客须知中说明。

③ 客房服务员日常打扫房间时，应对房内的物品加以检查；或在客人离开房间后对房间的设备及物品进行检查。如发现有物品被偷盗或设备被损坏，应立即报告。

下面是一份××酒店旅客须知的范本，仅供参考。

范本

旅客须知

一、旅客登记住宿时，请出示足以证明本人身份的有效证件（身份证、护照、回乡证）。

二、旅客不得任意改变客房设备，客房内的任何物品及设备如有损坏或遗失，旅客必须负责赔偿。

三、需接电源或使用自备电器设备，请与客房中心联系。严禁使用电炉、电熨斗、电饭煲等大功率电器。

四、严禁将易燃、易爆、有毒和放射性等危险品带入客房，严禁在酒店附近燃放烟花爆竹。严禁在酒店嫖娼、吸毒、聚众赌博。

五、旅客离房时，应关好门、窗，带好房卡并妥善保管。如房卡遗失，请立即通知前台。

六、旅客应按照与前台接待处约定的退房日期交回房间，如需延期，应提前去前台办理手续，到期不办理手续或不退房的，本店有权收回房间。

七、退房时间为中午十二点前。在十八点前退房加收半天房费，十八点以后退房按全天计算。

八、请爱护酒店一切用品及设施，如有损坏请照价赔偿。

九、多为他人着想，切勿高声喧哗，以免扰及邻室安宁。

有事请拨打服务台电话：××××××××

××酒店有限公司

三、外来人员偷盗行为的防范与控制

外来人员偷盗行为的防范与控制包括以下三方面的内容。

1. 外来窃贼

要加强出入口控制、楼层通道控制及其他公众场所的控制，防止外来窃贼窜入作案。

2. 外来人员

酒店由于业务往来需要，总有一些外来人员进出，这些人员包括外来公事人员、送货人员、修理人员、业务洽谈人员等。酒店应规定外来人员只能使用员工通道，出入须经安全值班人员检查。如果酒店内的设备、用具、物品等需带出店外修理的，必须经值班经理的签名确认，安全值班人员登记后，才能带出酒店。

3. 访客

酒店有些客人因业务需要经常接待各类访客，而这些访客中可能混杂着不良分子，他们在进入客人房间后，可能趁客人不备顺手牵羊，带走客人的贵重物品或客房内的高档装饰物及摆设物，也可能未经客人的同意，私自使用客房内的付费服务项目，如打长途电话，甚至打国际长途等。此外，酒店应尽量避免将有价值的物品放置在公共场所的显眼位置，应对安放在公共场所的各种设施设备和物品进行登记和有效管理。

第五节　消防安全管理

火灾始终是威胁酒店安全的一种重大灾难。因此，制订科学合理的防火工作计划并进行有效的消防安全管理是酒店安全管理的重要内容。

一、设立消防组织与消防机构

酒店作为公共场所，应重视消防工作，设立相应的消防组织和消防机构。消防组织，是指酒店专门的消防管理委员会，全面负责酒店的消防工作。消防机构是指酒店的消防中心，是在酒店消防管理委员会领导和指导下的消防执行机构，它负责日常的消防检查工作。

1.酒店的消防管理委员会

酒店设立消防管理委员会，负责本酒店的消防管理制度的制定、落实与检查。酒店各部门都应遵守消防管理委员会制定的消防管理制度。消防管理委员会主要有以下职责。

① 认真贯彻执行国家有关法律法规和公安消防部门有关消防安全工作的指示和规定，实行“预防为主，防消结合”的方针，制定各种消防安全制度，组织实施逐级防火责任制和岗位防火责任制，制订灭火方案和疏散计划，督促各部门贯彻落实消防安全工作。

② 把防火工作纳入日常管理工作中，充分发动与依靠每一位酒店员工，定期研究和布置每个部门的消防工作。

③ 开展消防业务宣传和消防知识培训活动，定期组织酒店消防演习，让防火意识深入酒店每一个员工的思想中。

④ 定期检查酒店内各部门的防火情况，检查各种消防设备、灭火器材，以消除火灾隐患和不安全因素。

⑤ 负责检查和指导消防器材的配备、维修、保养和检测，及时调配、补充消防器材，排除消防设备隐患。

⑥ 负责在酒店的新建和改造工程中协助工程部进行消防设施的设计、申报、审批工作。

⑦ 一旦发生火灾，要担任现场指挥，组织酒店员工进行人员疏散及扑救工作，负责调查火灾原因。

2.消防中心

消防中心是消防工作的执行机构。消防中心在酒店消防管理委员会或有关部门的领导下，以及公安消防部门的指导下，负责具体的消防工作，保障酒店的正常营业。消防中心的主要工作有以下几个方面。

① 负责各种消防设施、设备和器材等消防硬件的管理。主要是定期检查和保养消防设施与器材，确保消防设施、器材完好。

② 每日派专人检查、巡逻，发现不安全因素立即排除并上报，杜绝消防事故的发生。

③ 制订防火、灭火与疏散计划及其实施方案，对员工进行消防安全教育和培训，

使每一位酒店员工不仅能认识到消防工作的重要性，还能熟练掌握报警程序、疏散程序，熟悉紧急出口和通道，并能正确地使用灭火器材。

④ 发现火警信号或接到火情报告后，要迅速弄清楚火情，并及时派出消防、保卫人员赶到事发地点，同时将火情报告给上级。

二、防火安全计划与消防管理

1. 消防安全告示

当客人入店后，即可进行消防安全告知。可在客人登记时发给客人一张酒店卡，卡上除注明酒店的服务设施和项目外，还应注明防火注意事项，呈现酒店的逃生简图，并标明紧急出口。

客房是客人休息暂住的地方，也是客人在入住期间停留时间最长的地方，酒店应当利用客房对客人进行消防安全提示，如在房门背后张贴楼层的火灾紧急疏散示意图，在图上把本房间的位置及最近的疏散路线用醒目的颜色标出来，使客人能在紧急情况下安全撤离；在房间的写字台上应放置“安全告示”或放有一本安全告示小册子，详细地介绍酒店及楼层的消防情况，以及在发生火灾时该怎么办。

2. 防火安全计划与制度

防火安全计划是指包含了酒店各岗位防火工作的工作程序、岗位职责、注意事项、规章制度，以及防火检查等各项内容的计划。

在制订防火安全计划时，要把酒店内每个区域容易导致火灾的因素找出来，然后逐一制定防火的措施与制度，并建立起防火安全检查制度。酒店的消防工作涉及每个岗位，每一位员工，只有把消防工作落实到每个岗位，使每位员工都明确自己的消防工作职责，酒店安全才能有保证，每位员工应做到图5-12所示的几点。

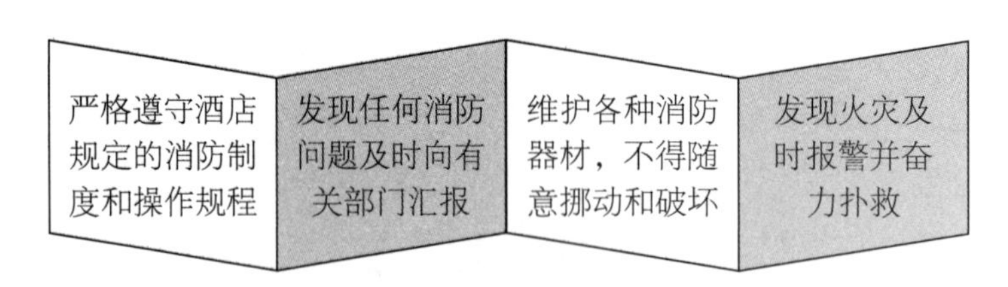

图5-12 每位员工须做到的防火要点

三、火灾应急计划与管理

火灾应急计划与管理是指酒店一旦发生火灾，酒店所有人员应采取的行动计划与管理方案。火灾应急计划要根据酒店的布局及人员状况用文字的形式制定出来，并需要经常进行训练。

酒店内一旦发生火灾，现场员工应立刻报告消防中心，有关人员在接到火灾报警后，应当立即抵达现场，组织扑救，并视火情大小决定是否通知公安消防队。有些比较小的火情，酒店是能够在短时间内组织人员扑灭的。如果火情较大，就一定要通知公安消防队。酒店应把报警分为两级，一级报警是在酒店发生火灾时，向酒店的消防中心报警，报警声只会在消防中心响起其他场所听不到铃声，这样不会造成整个酒店的紧张气氛。二级报警是在消防中心确认楼层已发生火灾的情况下，向全酒店报警，报警声会在全酒店响起。

酒店应按照楼层及酒店的布局和规模设计出一套方案，使每个部门和员工都知道发生火灾时该怎么做。

一旦酒店发生火灾或发出火灾警报时，所有员工要坚守岗位，保持冷静，切不可惊慌失措，到处乱跑，要按照平时规定的程序做出相应的反应。所有的人员无紧急情况不可使用报警电话，以保证电话线路的畅通，便于酒店管理层下达命令。各部门及岗位应采取的行动如表5-4所示。

表5-4　发生火灾时各部门及岗位应采取的行动

序号	部门及岗位	应采取的行动
1	消防管理委员会	（1）消防管理委员会在平时担负着消防安全的各项管理工作，一旦酒店发生火灾，消防管理委员会就肩负着救火领导小组的职责 （2）在发生火灾或火灾警报响起时，消防管理委员会负责人应当立即赶到临时火灾指挥点。临时火灾指挥点要求设在便于指挥、便于疏散、便于联络的地点 （3）领导小组到达指挥点后，要迅速弄清起火点，火势大小，并组织人员进行扑救，与此同时领导小组还应视火情大小决定是否通知消防队，是否通知客人疏散。同时了解是否有人受伤或未救出火场，并组织抢救
2	酒店义务消防队	（1）根据消防法规，酒店应当建立义务消防队。酒店消防队是一支不脱产的义务消防队伍。它担负着防火的任务，要经常组织训练，随时准备参加灭火行动。酒店消防队一般由安保人员和各部门的人员组成 （2）当酒店消防队队员听到火灾警报声时，应当立即穿好消防服，携带平时配备的器具（集中存放在酒店某地），迅速赶赴现场。这时应有一名消防中心人员在集合地点带领消防队队员去火灾现场进行灭火
3	保安人员	（1）听到火灾警报后，保安人员应立即携带对讲机等必需物品赶赴现场指挥点。酒店大门的保安在听到火灾警报后，应当立即清理酒店周围的场地，为消防车的到来做好准备。阻止一切无关人员的进入，特别要注意防范图谋不轨者趁火打劫

续表

序号	部门及岗位	应采取的行动
3	保安人员	（2）巡逻人员在火灾发生时要注意安排专人保护酒店的现金和其他一些贵重物品。要护送出纳员和会计把现金转移到安全的地方。各岗位的安全人员在发生火灾时，都必须严守岗位，随时提防不法分子浑水摸鱼
4	前台人员	前台人员要把所有的电梯落下，告诫客人不要乘坐电梯、不要返回房间取东西，并把大厅所有通向外面的出口打开，迅速组织人员疏散，协助保安人员维持好大厅的秩序
5	工程维修人员	工程维修人员在接到酒店的火灾报告时，应立即赶往火灾现场查看火情。视火情大小决定是否全部或部分关闭酒店内的空调通风设备、煤气阀门、各种电器设备、锅炉、制冷机等设备，防止事态进一步发展。负责消防水泵等设备的人员应迅速进入设备所在场地，使这些设备处于工作状态。楼层内的危险物品应立即运到安全地带，以防连锁反应。其他人员应坚守岗位，不得擅离职守
6	楼层服务员	当楼层服务员听到火警的铃声时，应当立即检查楼层所有的安全门和通道是否畅通，并立即疏散客人

四、火灾疏散计划与管理

火灾疏散计划与管理是指酒店在发生火灾后将人员和财产紧急撤出火灾现场，到安全地带所要采取的行动措施。在制订该计划时，要考虑到楼层布局、酒店周围场地等情况，以保证尽快地把楼层内的人员和重要财产及文件资料撤离到安全的地方。这是一项极其重要的工作，若组织不当会造成更大的人员伤亡和财产损失。

通知疏散的命令一般是通过连续不断的警铃声或是通过广播下达。

在进行紧急疏散时，客房服务员要注意通知到房间的每一位客人。确定本楼层的客人已全部疏散出去后，服务员才能撤离。

在疏散时，要指挥客人走最近的安全通道，提醒客人不要使用电梯。可以把事先准备好的“请勿乘电梯”的牌子放在电梯前，也有的酒店在电梯的上方用醒目字体写着“火灾时，请不要使用电梯”。

当人员撤出楼层或酒店后，工作人员应立即引导其到事先指定的安全地带集合，查点人数。如有下落不明的人或还未撤离的人员，应立即通知消防队。

五、灭火计划与管理

灭火行动平面图应包括以下几种。

① 酒店总平面图。要注明楼层布局、给水管网上消火栓的位置、给水管尺寸、电

梯间及防烟楼梯间位置等。

② 酒店内部消防设备布置图。如自动灭火设备安装地点、室内消火栓位置、进水管路线、阀门位置等。

③ 根据酒店的具体情况绘制的灭火行动平面图。要解决抢救人员、物资及清理火场通道的问题。实施灭火计划时可考虑利用楼梯作为灭火进攻和抢救疏散人员、物资及清理火场的通道；如果楼梯烧毁或被火场残物堵塞，要有其他备用的行动方案。

六、消防检查、巡查管理

酒店对消防设备及消防器材的管理，主要是通过日常的维修保养使之处于良好的使用状态，同时，安排专人每日对酒店进行消防巡查，查看是否存在消防隐患，消防设施是否齐全、完好。

1. 消防设施安全检查

① 各种消防设施由工程部负责、保安部配合进行定期检查，发现故障及时维修，以保证其性能完好。

② 保安巡逻员每天必须对酒店内灭火器材安放位置是否正确，铁箱是否牢固，喷嘴是否清洁、畅通等进行检查，如发现问题，应及时报告工程部修复或更换。

③ 工程部会同安保部每月对消防栓箱门的开启、箱内水枪、水带接口、供水阀门和排水阀门等，进行一次放水检查，发现问题，应及时纠正。

④ 保安人员要经常检查消防报警探测器（温感、烟感）等消防设施，发现问题，应及时报工程部进行维修。

⑤ 保安人员每三个月检查一次二氧化碳灭火器的重量及其存放位置，对温度超过42℃的，应采取措施。

⑥ 保安部应定期检查1211灭火器，对重量减少1/10以上的，应补充药剂并充气；对放置在强光或高温地方的，应马上移位。

⑦ 每天都要检查安全门是否完好，检查安全消防通道是否畅通，如发现杂物或影响畅通的任何物件，立即采取措施，尽快排除。

⑧ 消防设施周围严禁堆放杂物，消防通道应随时保持畅通。

2. 消防检查记录

在消防巡查、检查过程中，要做好相应的记录，尤其是要将所发现的异常情况记录下来，并提出处理措施，而且所有消防安全检查记录都应归档保存。

【实战工具16】

消防器材检查表

单位： 检查人：

名称	型号、规格	数量	检查情况	备注

【实战工具17】

消防巡查异常情况记录表

班次： 年 月 日

时间	地点	异常情况	处理措施	备注

主管： 巡查保安员：

第六章

酒店营销管理

酒店经营实质上也是一种商品生产，和其他所有生产一样，其目标是要把产品最大限度地销售出去。要成功推销酒店产品，就要采取合适的营销策略。

本章思维导图

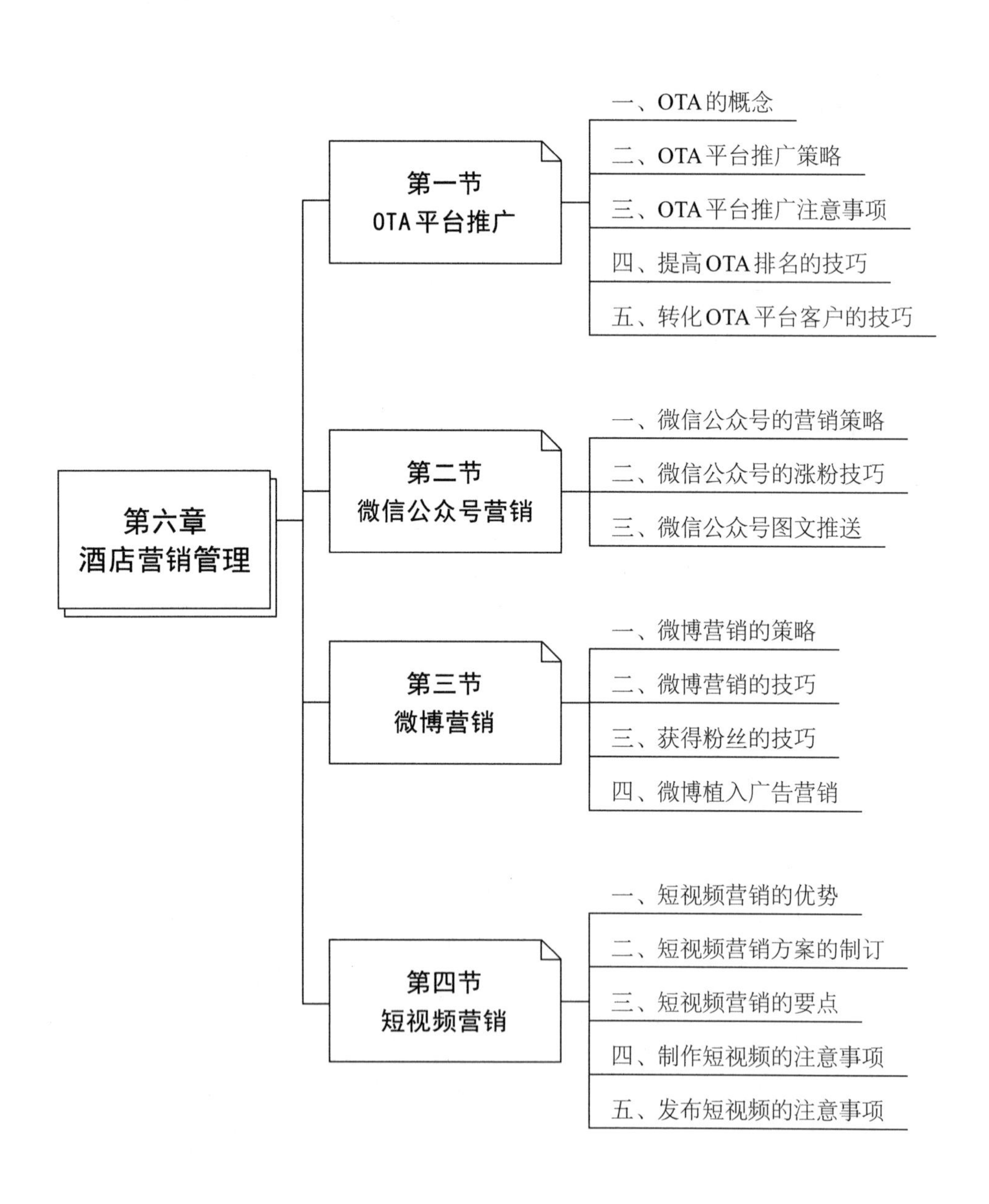

第六章
酒店营销管理
第一节
OTA平台推广
一、OTA的概念
二、OTA平台推广策略
三、OTA平台推广注意事项
四、提高OTA排名的技巧
五、转化OTA平台客户的技巧
第二节
微信公众号营销
一、微信公众号的营销策略
二、微信公众号的涨粉技巧
三、微信公众号图文推送
第三节
微博营销
一、微博营销的策略
二、微博营销的技巧
三、获得粉丝的技巧
四、微博植入广告营销
第四节
短视频营销
一、短视频营销的优势
二、短视频营销方案的制订
三、短视频营销的要点
四、制作短视频的注意事项
五、发布短视频的注意事项

第一节　OTA平台推广

OTA平台是一个连接客人与酒店的桥梁，凭借强大的营销能力、丰富的产品信息、便捷的预订方式、快捷的支付手段，以及完善的赔付政策聚集了众多的会员，给酒店带来众多客源，也成为酒店的品牌营销、展示推广渠道。

一、OTA的概念

OTA，全称为Online Travel Agency，中文译为“在线旅行社”，是旅游电子商务行业的专业词语，指旅游消费者通过网络向旅游服务提供商预订旅游产品或服务，并进行网上支付或者线下付费的过程，即各旅游主体可以通过网络进行产品营销或产品销售。

1. OTA的意义

OTA的出现将原来传统的旅行社销售模式放到网络平台上，更广泛地传递了线路信息，互动式的交流使客人的咨询和订购更方便。

2. 国内OTA平台的代表

国内OTA平台的代表为携程网、去哪儿网、艺龙网、同程网、美团网、途牛旅游网等。

二、OTA平台推广策略

酒店可以采取图6-1所示的策略来借助OTA平台引流客源，增加酒店的曝光度与订单量。

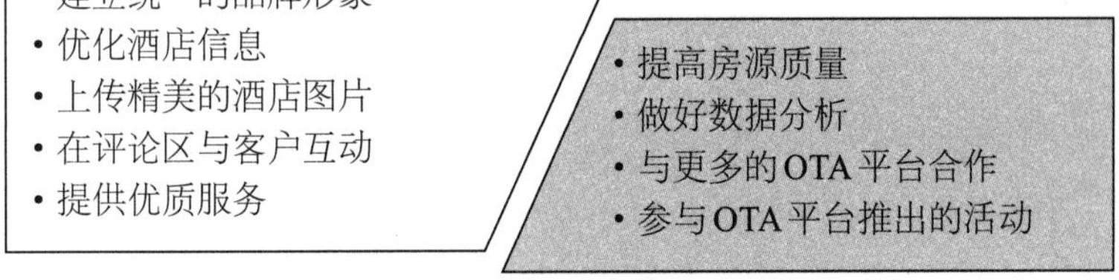

- 选择合适的OTA平台
- 建立统一的品牌形象
- 优化酒店信息
- 上传精美的酒店图片
- 在评论区与客户互动
- 提供优质服务

- 提高房源质量
- 做好数据分析
- 与更多的OTA平台合作
- 参与OTA平台推出的活动

图6-1　OTA平台推广策略

1.选择合适的OTA平台

酒店经理应了解不同OTA平台的优势和特点，根据酒店的目标客户群和市场需求，选择合适的平台入驻。

2.建立统一的品牌形象

酒店经理要确保在各个OTA平台上的酒店品牌形象、宣传文案、图片等保持一致，提高品牌识别度。

3.优化酒店信息

在OTA平台上详细、准确地展示酒店信息，如地址、电话、客房类型、价格、设施等，还可以提供预订流程、入住和退房时间、客房预订情况等信息，方便客户了解酒店。

4.上传精美的酒店图片

很多客户不想看复杂的文字，他们喜欢看直观的图片，因为客户想了解更多酒店的情况，尤其是客厅、浴室和公共空间的情况。如果酒店不能提供图片，他们可能就直接退出，选择别的酒店，所以把高质量的酒店图片放到平台上无疑是聪明的选择。

5.在评论区与客户互动

虽然图片很重要，但是客户的体验感更重要。如何才能知道客户的想法呢？在评论区与客户互动是一个有效途径。现在网络信息发达，当客户不了解某个地方或事物的具体情况时，就会在专门的评论区询问或寻找自己想要的信息内容，所以酒店要时刻关注自己在各平台的评论区，与客户进行互动。

6.提供优质服务

在OTA平台上展示酒店的特色服务，如免费停车、免费接送、提供早餐、免费Wi-Fi等，并确保这些服务在实际运营中能够实施。

7.提高房源质量

酒店要确保客房清洁、舒适，提供优质的床上用品和卫生设施。及时处理客户的投诉和建议，提高房源质量和客户满意度。

8. 做好数据分析

通过OTA平台提供的数据分析功能，酒店可以了解客户的行为和需求，优化产品和服务，提高转化率和利润。

9. 与更多的OTA平台合作

合作的平台越多，酒店在网上的曝光率就越高，相当于广告牌的增加，这对品牌美誉度不高的单体酒店尤为重要。

10. 参与OTA平台推出的活动

参与平台推出的优惠活动，可以获得平台的推荐流量，提高酒店在平台上的排名，这样做看似降低了自己的利润，但是长期来看，流量增加了，收入自然也就增加了。很多客户都有惯性思维，一般预订酒店时，第一选择都是自己住过的酒店。当然前提是你的服务得到客户的认可。

三、OTA平台推广注意事项

酒店通过OTA平台推广，应注意图6-2所示的事项。

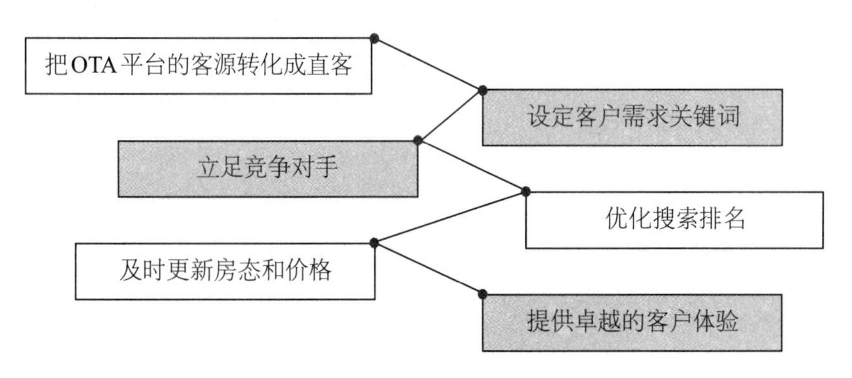

图6-2　OTA平台推广注意事项

1. 把OTA平台的客源转化成直客

OTA平台的作用相当于广告牌，可帮助酒店引流，补充客源，但酒店不应过度依赖OTA平台，定价权和库存分配权不应由OTA平台掌控。OTA平台的价值应该是给酒店带来额外的客源，而不是从酒店的直销渠道抢客源，让酒店再用佣金买回来。酒店应该努力提高客户对酒店直销渠道的忠诚度，而不是对OTA平台的忠诚度。

酒店经理要研究OTA平台客户的特点，制定相应的流程和绩效考核标准，努力将OTA平台上的客户转化为酒店直销客户，如会员、公司协议客户、长期客人、团队等，并让其养成通过酒店直销渠道预订的习惯，包括通过酒店官网、微信公众号、小程序预订等。

2.设定客户需求关键词

总结各平台客户搜索的关键词，从客户的需求角度出发，酒店在各平台上的页面和标签应包含客户搜索的热点词语，如景点、事件、交通枢纽、设施、价格等，一来可以提升酒店被搜索的可能性；二来可以为客户节省时间，增强便捷性。

3.立足竞争对手

酒店经理要对OTA平台上相同商圈竞争对手的相似房型的定价、优惠和出租率，保持长期持续的关注，使酒店保持一个良好的竞争价格，同时提供吸引客户的优惠活动，如免费早餐、机场接送等，以吸引更多的客户在OTA平台选择你的酒店。

4.优化搜索排名

利用OTA平台提供的数据分析工具，了解客户行为和预订趋势。根据数据进行酒店优化，改进在OTA平台上的市场推广策略和定价决策，提高酒店在OTA平台上的搜索排名。同时，确保酒店页面具有各种相关的关键词、详细的酒店描述和具有吸引力的标题，提高酒店在各OTA平台上的曝光度和点击率，以增加预订量和收益。

5.及时更新房态和价格

确保酒店房态和价格信息在OTA平台上保持实时更新。根据酒店实际需求、同商圈竞争对手的定价情况、季节变化、节假日和需求高峰期制定合理的定价策略，灵活调整OTA平台的酒店价格并及时更新房态信息。

6.提供卓越的客户体验

确保OTA平台下单的客户在抵达后能享受到优质的服务和舒适的入住体验，通过提供个性化服务、礼宾服务和增值服务，给客户留下良好的印象，以获得客户的积极评价，实现口碑传播。鼓励客户在OTA平台上留下真实的评价和推荐，积极回应顾客留下的正面评价，并处理负面评价，以提高客户满意度和信任度。

四、提高OTA排名的技巧

近几年，我国酒店数量增长迅猛，酒店业的竞争相当激烈。入住率低，订单少也成了不少酒店最头疼的问题。那么，如何解决酒店在OTA平台上的排名不好、预订率低、点击率低、订单少等问题呢？下面介绍的几个技巧，可提高酒店在OTA平台上的排名。

1.为客户设计产品

要知道，客户是要入住酒店，在选择酒店时，当然会以酒店的产品为主要选择依据，因此，酒店在OTA平台上线的产品就要为客户而设计。

（1）添加酒店名称后缀

关于酒店的名字，无论酒店是否有分店，店名的后缀是非常重要的。

比如，“猴眺商务宾馆”与“猴眺优品商务酒店（人民广场店）”，当然是后者更能吸引人。

（2）酒店房型基础信息要完善

酒店房型基础信息包括床、卫生间，便利设施等的文字、图片信息，这都要展示清楚，方便宾客根据自己的需求选择心仪的房间。

（3）增值服务要展示到位

宾客除了对展示的照片和酒店房型基础信息感兴趣之外，还会关注酒店是否有加床，早餐，客房升级等增值服务。所以，酒店如果可提供这些优惠服务，一定要在OTA平台上写清楚。

2.包装美化产品

对于在OTA平台上线的产品，酒店要做好包装，美化产品，以吸引宾客的眼球，增加点击率。

（1）房型名称的美化

比如，雅致大床房、精致大床房、精致双床房、雅致休闲房……这样类型的房型名称比呆板的“大床房”“双床房”要好得多。

（2）首图的选择

酒店首图的选择非常重要，首图的展示效果直接影响客户对酒店的第一印象。对于酒店来说，首图无非有门头照片和客房照片这两种选择。

原则上来说，酒店客房在80间以上，其门头会比较大气，所以门头照片适合做首图；而房量较小的酒店，用房间的照片则更为直观合适。

（3）图片的视觉冲击

对于酒店客房的照片来说，具有视觉冲击力非常重要，需要将房间尽量拍大，可以请专业设计师来拍摄，也可用鱼眼镜头来拍摄房间图片。

3.引流客人

（1）活动引流

某家酒店一天的流量只有40，说明每天只有40人点进酒店页面看到了酒店信息，该酒店通过做了个小活动，最终使每天的流量达到300。

他们的做法是，推出9元的生日房间，客人生日当天持身份证到店，可以以9元的优惠价格入住酒店。这个活动以9元的特价来吸引客户眼球，帮助酒店提升流量，而对于酒店来说，这个活动的成本也非常低。

（2）最大化优势吸客

一般某地举行会展时，会展附近的酒店会爆满，但是距离会展有一段路程的酒店如何吸引客户呢？具体方法有如下两种。

① 可在OTA平台上的酒店名称后面增加“（××会展中心店）”，直截了当地告诉客户这是会展附近的酒店；

② 房型后添加“可专车接送至会展中心”，通过专车接送的方式解决酒店与会展之间的距离问题，打消宾客的顾虑。

（3）点评回复要有技巧

客户在OTA平台上选择酒店的时候，一定会看酒店的热门评价和近期评价。如果差评较多，评分较低是会影响酒店排名的，客户可能会因此选择其他酒店，从而导致酒店预订率低，订单少的情况出现。

虽然酒店努力去让每一位客户都满意，但还是避免不了出现一些细节做得不到位的情况。如果客户给的评分较低，或者评价不好，要及时去回应、解决，回复要有技巧，字数尽量多一些。

小提示

酒店除了利用上述办法提高在OTA平台上曝光率之外，还要做好内部的管理，通过超预期服务和增值服务，把招待客人变成款待客人，从而帮助酒店获得更多的流量和订单。

五、转化OTA平台客户的技巧

OTA平台在给酒店带来高流量的同时，酒店也需要向OTA平台支付高额的佣金，因此，酒店应抓住机会，合理转化OTA平台客户，使其变成酒店自有直销渠道客户。酒店要在利用OTA平台带来新客源流量的同时，打造好酒店产品和服务品牌，进而提升客户的体验，培养客户的会员忠诚度，做大酒店的自有直销渠道。具体策略如图6-3所示。

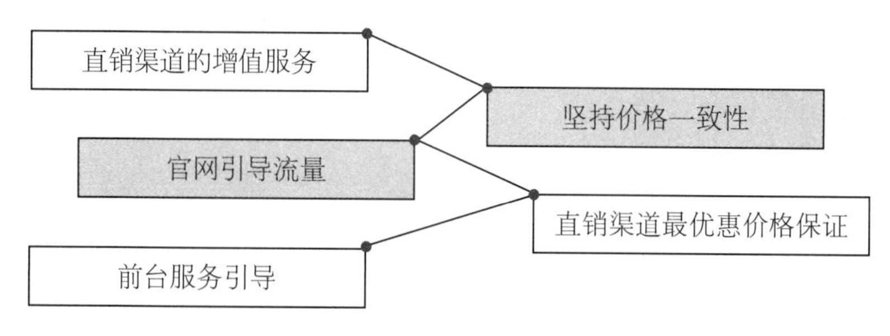

图6-3 合理转化OTA客人的技巧

1. 直销渠道的增值服务

酒店直销渠道要不断推出新的促销方式，保证在价格一致的基础上，让直销渠道价格显得更具有优势，给消费者一种赚便宜的感觉。

比如，OTA平台上的房间价格为158元不含早餐，酒店微信预订平台上的房间价格为158元含早餐或果盘。

久而久之，这一做法将让消费者相信酒店微信预订平台是价格优惠和有价值的酒店产品的唯一来源，而微信预订平台也会成为消费者更倾向使用的预订平台。

此外，在进行这些促销活动的时候，酒店应该尝试利用互联网营销推广，通过官网、微信、论坛、百科、视频、软文等方式进行系统推广，保证促销信息被更多消费者知道。

2. 坚持价格一致性

对于价格一致原则，很多酒店并未引起足够重视，也没有采取有效措施规避价格不一致带来的风险。

相关数据显示，有65%以上的快捷酒店在OTA平台上的价格低于酒店直销渠道的价格。很多旅游消费者调查报告都指出，大部分旅行者更喜欢直接在酒店网站上预订和购买产品，前提是酒店网站和OTA平台一样提供低价的产品和简单的预订功能。

全面的价格一致性策略，能鼓励消费者通过酒店直销渠道进行预订。如果酒店直销渠道价格高于OTA平台，客人肯定会在OTA平台预订，就会对OTA平台逐渐产生忠诚度，酒店不但失去了直销渠道客源，还需向OTA平台支付佣金。

3. 官网引导流量

官网是消费者最信任的渠道，所以要在官网上对酒店的主营直销平台进行推广，以保障直销渠道的流量积累和客户沉淀。应设置对OTA平台的限制条件，合理控制OTA平台的权重，比如设置促销房的数量限制，附加条件等；要清楚地知道OTA平台并不是直销渠道的替代品，酒店不能将OTA平台当作在线直销渠道以外的选择。

4.直销渠道最优惠价格保证

① 酒店可在直销渠道发布“全网最优惠价格”的营销信息，并链接一篇软文，说明为什么要在直销渠道上预订客房。

② 酒店可设计一个具有吸引力的奖励计划，并通过直销渠道进行推广。计划应为忠诚客户提供奖励，比如免费的接站服务、房型升级或免费早餐等。

③ 酒店可通过各种社交媒体、宣传册和发送邮件等方法来宣传最优惠价格保证和客户奖励计划等信息。

5.前台服务引导

OTA平台客户转化，需要酒店所有员工，尤其前台员工的配合。前台员工应该如何引导客户使用直销渠道呢？具体方法如图6-4所示。

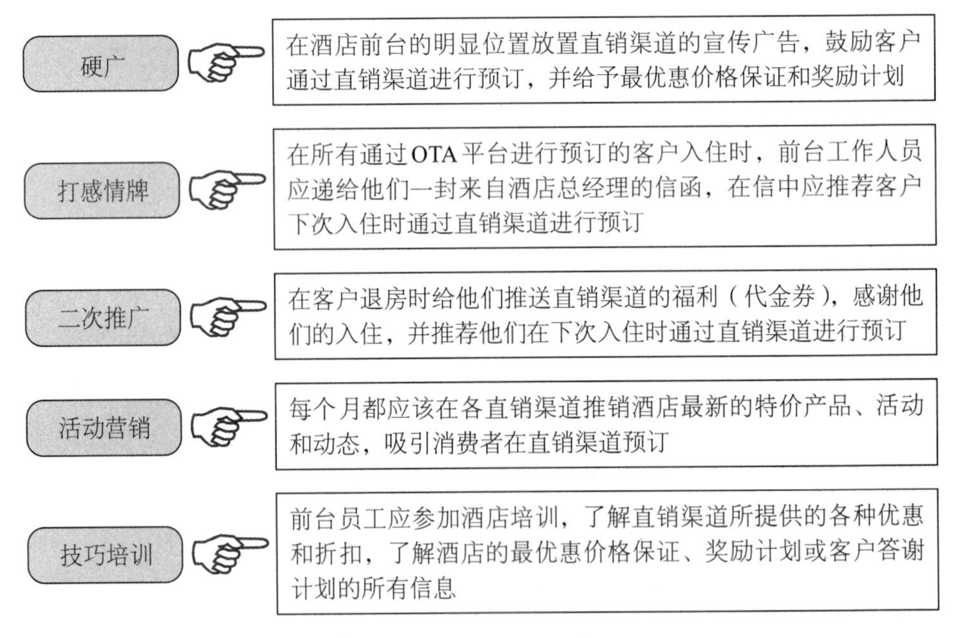

图6-4　前台服务引导的方法

通过以上技巧，随着直销渠道客源的不断增多，酒店方不仅能够降低OTA平台佣金的支出；同时，能够真正地增加客人的满意度和回头率，获得自己的忠实客源，真正提升酒店的竞争优势和收益。

第二节　微信公众号营销

微信公众号是一个做CRM（客户关系管理）的绝佳平台，这个平台依托于微信，其流程简单、易操作，可相应降低酒店普及、推广的难度，而且在沟通、互动、服务、搜集用户信息和客户关系管理等方面有不可比拟的优势。

一、微信公众号的营销策略

在酒店营销过程中，应当以微信公众号为基础不断扩大品牌的营销力，从而吸引更多客户。酒店想要通过公众号获得更多用户，则应当采取必要的营销策略，具体如图6-5所示。

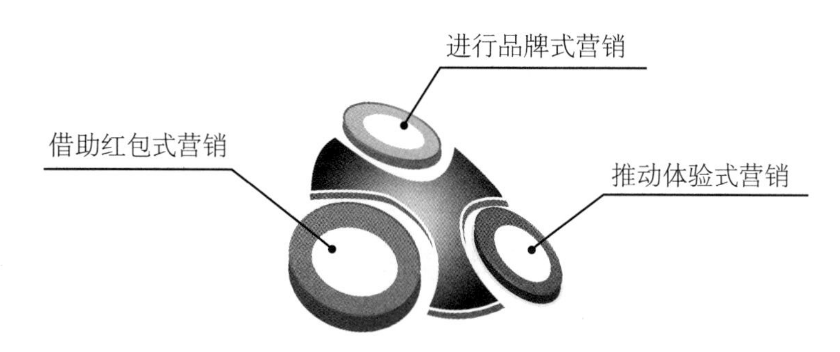

图6-5　微信公众号的营销策略

1.进行品牌式营销

酒店可借助多种方式获得微信用户对酒店微信公众号的认可和关注，进而提升公众对于酒店微信公众号的认知和认同感，确保将网络的关注转化为现实购买。在此过程中可从图6-6所示的几个方面入手。

不断拓展酒店微信公众号的推广渠道，可通过朋友圈推广、微信文章推广等多种方式进一步增加微信公众号的关注数

选择简单和容易查找的公众号名称、图像以及位置签名等，确保其能够和酒店名称相符合，具有较强的识别性，同时要保证微信公众号的独特性和不可复制性

图6-6

3 进一步提升公众号界面的友好性和美学效果，保证广大用户在实际使用过程中能够更加便捷地获取相关资讯

4 借助主动定位服务技术，对潜在客户进行搜索和定位，将产品和促销的相关信息精确推送到周围用户，最终实现对酒店的营销

图6-6 酒店进行品牌式营销的策略

2. 推动体验式营销

体验式营销是在充分满足广大用户信息获取和产品消费需求的同时，进一步提升体验服务的基本层次。在全面了解客户基本特征的同时，应当对客户和酒店的接触界面进行全面化的设计，从而充分借助微信公众平台为客户创造最美好的消费体验。在确定接触界面的同时，应当形成微信公众平台的业务实现情景，确保平台相关功能的实现。酒店可从表6-1所示的几个阶段来推进微信体验式营销工作展开。

表6-1 开展体验式营销的阶段

序号	营销阶段	具体说明
1	酒店营销推广阶段	在营销推广阶段，应当借助优惠卡和特定优惠产品，以及特色餐饮品尝等多种方式促使广大客户关注酒店微信公众号，并在微信公众号上进行酒店产品服务的展示，与此同时更要设置微信抽奖环节，促使大家完成购买
2	客户购买支付阶段	在客户实际购买支付阶段，酒店可以公众号为基础提供酒店位置查询和导航服务，并提供实景看房服务，以确保客户能够更加真实清楚地了解酒店的相关信息
3	客户完成购买阶段	在完成购买之后，酒店应当以订单信息为基础，提供服务交付之前的信息通知。对于新顾客，酒店应当通过微信了解其实际爱好，从而为其提供个性化的服务套餐；而对于老客户，酒店应当通过微信向其发送服务方案，并获得客户的认可和确认，在客户确认之后，酒店会提供个性化和针对性的服务
4	客户入住酒店阶段	客户进入酒店后可当通过扫描二维码等方式，在短时间内了解入住的基本流程。客人在进入酒店房间之后，如果存在需要投诉的事项，则应当通过酒店微信公众号将编辑好的文字和图片发送到前台，以实现问题的快速处理
5	客户住宿阶段	在客户住宿阶段，酒店服务的相关内容也可以通过微信完成。比如，在多个知名酒店中已经形成了以微信商城为基础的体验式消费电商平台，在顾客产生购买意愿之后，便可以通过扫描二维码的方式完成下单，并快递送货上门
6	客户退房阶段	在客户退房过程中，客户可以通过微信公众号完成结账、离店手续及发票领取等多种手续办理，而查房的相关情况也可以通过微信告诉客户

3.借助红包式营销

微信红包实现了货币的线上发放和查收，而且微信红包实际操作简单，金额由个人进行设定，具有较强趣味性和互动性，能满足用户的心理需求，因此能够在网络上迅速流行，并获得广大用户的认可。酒店可借助微信红包做好公众号营销，具体策略如图6-7所示。

策略一	在营销过程中，倘若公众号关注人数达到一定数量，酒店可以给予关注者红包奖励
策略二	在客户购买阶段，酒店可通过发微信红包的方式吸引客户完成酒店产品的购买
策略三	在完成购买之后，可将微信红包作为折扣直接返还给客户
策略四	在客户入住之后，酒店可在公众平台通过抽奖和有奖竞猜等多种方式，增加客户在酒店住宿期间的趣味性
策略五	在客户离开之后，酒店可在节假日向客户发放红包，从而提升客户对于酒店的好感度，确保客户下次再来酒店住宿

图6-7　微信红包式营销的策略

二、微信公众号的涨粉技巧

对于酒店来说，微信公众号营销的第一步就是拥有数量众多的粉丝，通过在粉丝中进行推广营销来扩展受众群体，增加潜在客户。当微信公众号有了一定数量的粉丝之后，营销计划才可能会有效果，才能看到微信公众号营销的优势。

在微信中，用户可以通过扫描二维码来关注酒店公众号。酒店可以设定本品牌的二维码，用折扣和优惠来招引用户扫码，拓宽微信营销的推广渠道。

1.吸引粉丝

酒店微信公众号要想吸引更多的粉丝，可以采取线上线下相结合的方法，尽量争取更多的粉丝，并努力将他们发展成自己的客户，具体如图6-8所示。

1	丰富推广渠道，形成线上线下互通的推广方式
2	借人传播，借物推广，酒店的任何物品与平台都可以用来推广微信公众号
3	挖掘互动新形势，提升粉丝互动量
4	紧抓亮点，关注业界最新话题，形成时事效应

图6-8　吸引粉丝的技巧

2.线下推广

线下推广永远是获取微信公众号精准粉丝的最佳方式，所以酒店一定要做好线下粉丝的积累，而不是盲目地利用各种网络渠道去推广公众号。微信营销成功的关键不在于粉丝数量而在于粉丝质量，只要有精准的粉丝，就算粉丝量只有几百人，也能把粉丝有效转化成消费者，具体方式如图6-9所示。

1	在酒店前台（不限于前台，任何客流聚集的地方都可以）放置酒店微信公众号二维码
2	酒店用品上印上酒店微信公众号二维码（如可在床头、纸巾盒等位置印刷上二维码）
3	印发带酒店微信公众号二维码的宣传单（可配合相关促销活动进行）
4	赠送带酒店微信公众号二维码的纪念品
5	在相关人员的名片、服饰上印酒店微信公众号二维码

图6-9　线下推广的方式

3.线上推广

酒店也可通过图6-10所示的方式加大线上推广力度，以获取更多的粉丝。

酒店在完成最初的粉丝积累后，通过对微信公众号的日常维护，可以将优惠信息推送给粉丝，刺激粉丝二次消费；也可以通过公众号和粉丝互动，提升粉丝活跃度；或者是推送美文，通过软性的营销手段塑造酒店品牌形象，提升品牌在粉丝心中的位置。

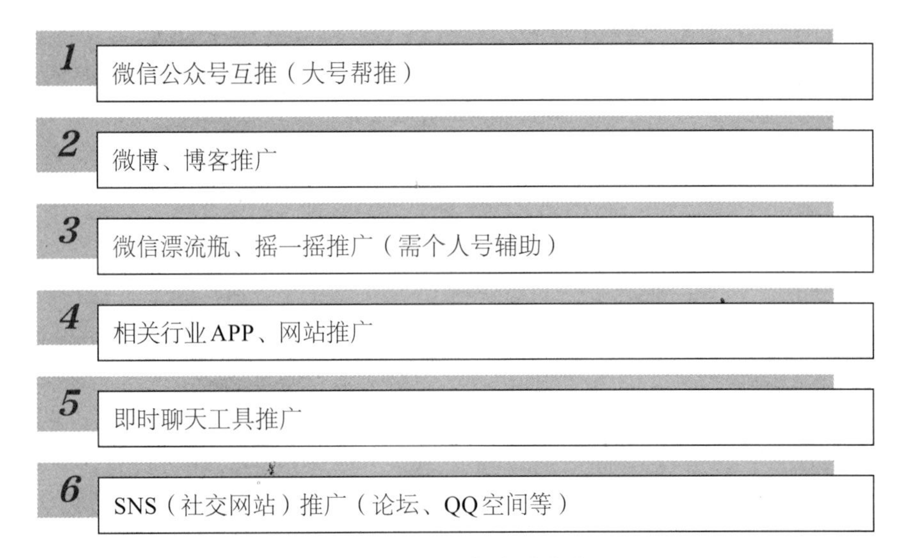

图6-10　线上推广的方式

三、微信公众号图文推送

做好公众号营销的一个关键点就在于我们所推送的内容，除了要与酒店特点紧密结合外，更应该从粉丝的角度去构思，而不是一味地推送乏味的酒店广告。因为公众号不是为酒店服务的，而是为粉丝服务的，只有从酒店推送的信息中获得想要的东西，粉丝才会更加忠于酒店，接下来的销售才会变得顺理成章。

1. 推送原则

酒店在利用微信公众号向粉丝推送图文信息时，对推送时间及内容应遵循图6-11所示的三点原则。

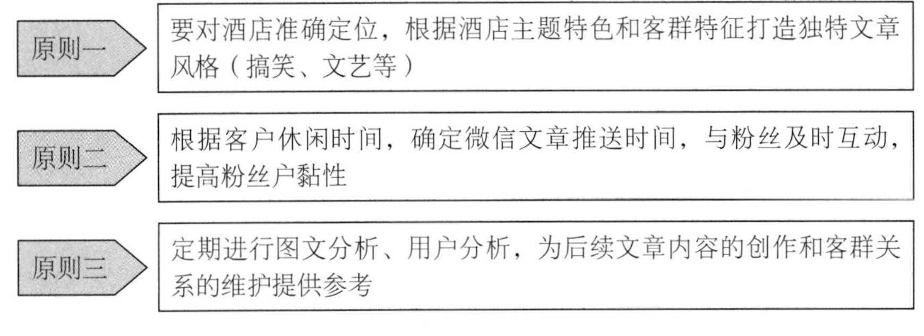

图6-11　微信图文推送的原则

2. 推送内容

向粉丝频繁推送消息可以提高酒店的曝光率，但也可能会招致粉丝的反感，让粉丝取消关注。所以推送内容需要经过仔细选择，谨慎发送，及时分析微信数据，根据数据调整推送内容。酒店推送的文章内容要避开敏感、带有政治色彩的词汇，将积极、阳光、健康的内容呈现给粉丝。

（1）文章的内容

酒店可推送文章的内容包括以下几类。

① 酒店推出的促销、优惠、打折等活动，提高粉丝黏性和购买欲；

② 粉丝住店体验，用客人真实的感受打动粉丝；

③ 对当地景区、美食、娱乐等的介绍，增加公众号的趣味性；

④ 酒店经营中的小故事，提升酒店形象，扩大影响力。

（2）文章的要求

文章要层次清楚，简洁流畅，融入一些趣味元素。开头要有代入感，能激发粉丝的阅读兴趣；中间部分要简明扼要地向粉丝传达信息；结尾呼应开头，刺激粉丝预订酒店等；文章底端设置酒店二维码，提醒粉丝扫描关注；在“阅读原文”选项里可设置酒店预订页面链接，引导粉丝快速下单。

（2）文章的排版

文章排版风格要统一，简洁美观。可以直接利用微信后台的编辑器进行排版，还可利用第三方排版工具，将编辑好的内容直接粘贴到微信后台。

3. 推送时间

酒店公众号文章的推送周期最好是每周1次，这样不会打扰到粉丝。如遇节假日需要推送促销活动信息时，可增加推送次数，或以多图片形式推送。

每周推送的时间最好能固定，利用休闲或碎片化时间，培养粉丝阅读酒店推送文章的习惯，且不会被网络信息快速覆盖。推送公众号文章最好的四个时间段：7:00 ～ 8:00，12:00 ～ 13:00，18:00 ～ 19:00，21:00 ～ 22:30。

4. 数据分析

每周对公众号传播渠道和粉丝数据进行统计分析，为后续文章推送提供优化指导。

（1）粉丝数据分析

粉丝数据分析的内容包括粉丝增长量（最近7天内新增、取关、净增、累积人数）和粉丝属性（男女比例、省份和城市分布情况）等的分析。

（2）传播渠道分析

传播渠道分析是分析阅读文章的人是通过公众号直接打开，还是通过好友转发或朋友圈转发等，以此来调整文章标题和内容。

第三节　微博营销

随着微博在人们生活中日益流行，利用微博进行营销也成为目前酒店业热衷的营销手段。酒店行业是旅游产业不可分割的重要部分，其日趋稳定的发展，以及越来越激烈的市场竞争，使得微博营销的优势也日益突出，深受酒店经营管理者的欢迎。

一、微博营销的策略

实践证明，酒店通过微博不仅可以有效感知客户需求，提升酒店知名度，还可以用较低的成本维护客户关系，扩展客户资源，将酒店产品和服务信息传递出去。因此，酒店经理应当注重开发微博的商务价值，采取正确的营销策略，使微博在营销中发挥更大的作用。具体如图6-12所示。

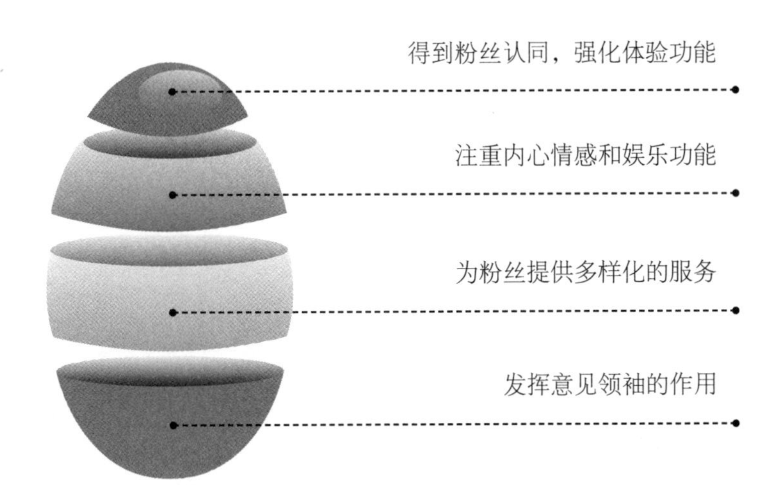

图6-12　微博营销的策略

1.得到粉丝认同，强化体验功能

酒店微博不能仅满足于介绍产品功能、产品价格和服务，更要注重让酒店微博粉丝建立起对产品的感官体验和思维认同。要利用微博平台开展体验活动，让粉丝通过参与活动深入理解和体验品牌内涵，进而认同品牌并逐渐产生购买冲动。

微博体验活动包括图6-13所示的两种形式。

主题讨论

粉丝们可针对特定主题进行充分的讨论和沟通，阐述并分享各自观点，不断加深对主题的理解和体会

图片欣赏与作品创作

图片极具视觉冲击效果，通过进行与体验主题相关的图片分享活动，有助于深化旅游酒店粉丝们的品牌体验

图6-13　微博体验活动的形式

2. 注重内心情感和娱乐功能

微博内容要集中体现粉丝真正关心的事情，若只发单一的产品促销和广告会导致粉丝们取消关注。因此，微博内容应体现情感风格，多采用粉丝喜欢的网络语言如“亲”“给力”等，并用口语化的啊、呀、耶、哦之类的词及表情符号来表达情感。在语言风格上，酒店可以创造富有特色的语言风格，类似于“凡客体”、华为的“I Wanna CU”，这种轻松有趣的语言风格，容易引起粉丝的转发仿效。

酒店还可选择社会名人、高管、员工或是自创虚拟形象来为酒店代言，比如布丁酒店自创的品牌吉祥物“阿布”，形象生动可爱，让粉丝们倍感亲切。

酒店可在微博中塑造粉丝感兴趣的酒店典型人物形象，如大堂经理、大厨、调酒师、服务生等角色，用他们的视角讲述现实中发生的种种生动有趣的故事，汇聚成“酒店微博剧”。

3. 为粉丝提供多样化的服务

研究发现，有相当多的微博用户根据从微博上看到的信息选择酒店订房、订餐。酒店要完善信息服务和咨询建议渠道，为粉丝提供多样化的信息服务和消费选择。具体措施如图6-14所示。

1　酒店可在旅游旺季，把客房每周预订信息及时对外公布，包括酒店星级、房间数量、预订率和预订电话等信息

2　酒店可借助微博平台的电子商务、电子支付等功能实现预订、支付、点评一体化的在线体验流程

3　酒店可通过在微博上发布超链接、图片和视频来展示酒店的软硬件设施、服务过程、环境氛围等，让粉丝们“眼见为实”

图6-14　酒店为粉丝提供的多样化服务的措施

4. 发挥KOL的作用

酒店应充分发挥KOL（关键意见领袖）的作用，让尽可能多的目标客户主动并且乐意接受酒店所要传达的信息，以提升微博营销的效果。

比如，香格里拉酒店集团举办的第二届“我的香格里拉”摄影大赛邀请评委包括著名电影导演田壮壮，中央美院设计学院副院长、摄影系教授王川，复旦大学视觉文化研究中心副主任顾铮和知名媒体人洪晃，引发粉丝们对该活动的大量留言和转发，用极小的成本，吸引了上万微博用户关注，成功实现了宣传推广酒店品牌的目的。

二、微博营销的技巧

随着信息技术的不断发展和进步，微博营销将获得更大的发展空间，酒店业也将从中获得更大利益。在这一趋势下，酒店只有正确分析自身的特点与实力，做好市场定位，选准微博平台，把握营销技巧，才能在激烈的市场竞争中占据优势。微博营销的技巧如图6-15所示。

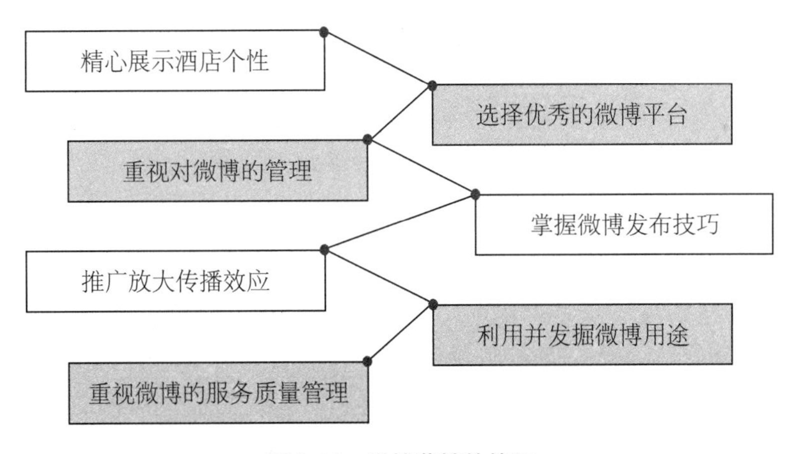

图6-15　微博营销的技巧

1. 精心展示酒店个性

酒店微博的设计十分重要，要精心设计酒店的头像、文字简介、标签等基本展示元素。大多酒店的头像采用酒店LOGO，也有采用酒店外观、酒店客房图片等的，这能加深潜在客户对酒店品牌的印象。酒店简介则追求简洁，争取在第一时间夺人眼球。酒店标签的设置也非常重要，设置标签是让潜在客户通过微博内部搜索引擎快速搜索到酒店的有效途径。

2. 选择优秀的微博平台

选择一个有影响力、目标用户群体集中的微博平台无疑能使营销效果事半功倍。因而，酒店要针对自己的特色和定位，找到合适的微博平台来集中展示自己的风采，让别人看到酒店的微博就能想到酒店品牌，让酒店微博成为酒店品牌的标志。

3. 重视对微博的管理

酒店微博作为酒店的营销工具、客户服务工具、媒体工具，其管理员必须有市场营销和客户服务背景，对客户消费习惯和消费心理比较了解，能够及时迅速地察觉客户潜在的需求；同时酒店微博的管理员必须经过系统而专业的培训，培训内容不应只停留在技术操作层面，还需要进行商业公关技巧的培训。酒店经理必须掌握用人之道，真正使微博用之有效。

4. 掌握微博发布技巧

发布微博是一项持久的连续性的工作，要把它当作酒店日常工作来抓。酒店微博应对自身品牌个性进行诠释，所以微博内容的创作和选择至关重要，虽然酒店微博由个人操作，但其内容应以酒店为主，展示酒店的形象，要尽可能避免个人情绪化表达。同时，要避免因为更新速度太快而引起粉丝反感的情况发生。因而，酒店要掌握正确的时间，向正确的目标粉丝发布正确的内容，提高营销效果。

5. 推广放大传播效应

使酒店微博获得尽可能多的关注，是酒店微博营销的基础。酒店应尽可能地在微博平台多互动，可通过关注酒店业内其他同行及人物，关注与酒店业相关的博主，关注那些关注自己的人，转发评论他人微博等方式，获得他人关注。同时酒店应在营销方式上下功夫，如发布原创、精品的微博内容，赠送客房或折扣券，巧妙借助热点事件拉近与粉丝之间的距离，发起公益活动吸引粉丝参与等，提升酒店关注度。

6. 利用并发掘微博用途

微博是收集民意的最佳场所，酒店应指派专人维护官方微博，在第一时间回答粉丝疑问，解决他们的实际问题，让粉丝与酒店零距离交互，从而产生信任感。另外也要对前台、预订、销售等所有与客户有接触的部门进行微博知识培训，同时这些部门也可利用各种与客人接触的机会进行微博推广。

7. 重视微博的服务质量管理

酒店微博的一个重要作用是宣传酒店专业而周到的服务，以吸引更多的顾客。酒店服务具有无形性特征，客户对酒店服务质量的评价也难以预测，所以对于客户在微博上发布的负面评价，酒店微博管理人员应给予足够重视，否则将迅速影响酒店的形象。

三、获得粉丝的技巧

衡量微博营销是否成功的一个很重要的指标是粉丝数。成功的微博营销需要付出多方面的努力，每个环节的失败都会给酒店带来负面影响，而粉丝数是一个综合指标，粉丝数越多则意味着酒店微博营销总体上做得不错。酒店可以参考图6-16所示的技巧，来获得更多的粉丝。

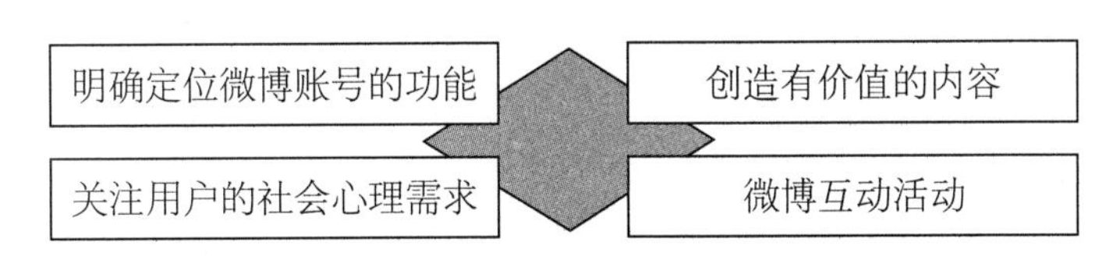

图6-16 获得粉丝的技巧

1. 明确定位微博账号的功能

酒店可以注册多个微博账号，每个账号各司其职。一个微博账号可能承担相对单一的功能，也可能承担多个功能。如果酒店比较大，那么在一个专门的公关微博账号外，建立多个部门微博账号也是可取的。如果酒店的产品比较单一，那么整个酒店建一个微博账号就可以了。

小提示

一般来说，一个微博账号可以承担新产品信息发布、品牌活动推广、事件营销、产品客服、接受用户建议与反馈、危机公关等多项功能。

2. 关注用户的社会心理需求

如果酒店已经有了大量的客户群，那么在微博上获得关注是相对容易的；如果酒店并不具有品牌影响力，那么在微博上获得“陌生人”的关注就需要付出很大的努力，因此了解微博用户的社会心理需求是非常有必要的。虽然没有具体的数据统计，但是可以从微博热门话题了解到大部分普通微博用户（非微博营销用户）使用微博的六大理由，具体如图6-17所示。

获取、传播时事、体育等新闻信息

获取娱乐信息，参与“制造”娱乐事件

发表人生感悟，进行情绪表达

进行政治信息及价值观表达

关注自己感兴趣的人的动态信息

关注商业、产品等实用信息

图6-17　普通微博用户（非微博营销用户）使用微博的理由

上图六大理由的排序大致是普通微博用户使用微博的动机强度排序。深入地了解这些心理是创造出普通用户喜闻乐见的微博内容的前提。

3. 创造有价值的内容

有价值的内容就是对微博用户“有用”的内容，有价值的内容能够激发微博用户的阅读、参与互动交流的热情。酒店需要平衡产品推广信息与有趣性“娱乐信息”（“娱乐信息”必须与本行业相关）的比例，可以从三个方面调整，具体内容如下。

（1）发布本行业有趣的新闻、轶事

酒店可以通过微博客观性地叙述一些行业公开的新闻报道，统计报表甚至“内幕”，可以有选择性地提供一些有关酒店的独家新闻，真正关注酒店产品的微博用户会对这些独家新闻非常感兴趣。当然，重点要突出新闻性、有趣性。

（2）创业史

大多数普通人对创业者总怀有一种好奇，甚至尊敬的心态。酒店微博可以有步骤、有计划地叙述自己品牌的创业历程，酒店创始人的一些公开或独家的新闻，如创业口述史，电视纪录片等。

（3）发布与本行业相关的产品信息

搜集一些与酒店相关的有趣的创意，有幽默感的文字、视频、图片广告等，这些创意和广告不一定都要来自自己的品牌，也可以来自本行业公认的著名品牌。

4.微博互动活动

在微博上搞活动真正符合微博拟人化互动的本质特征。只要产品有价值，没人能拒绝“免费”“打折”等促销信息，很少有人会讨厌此类信息。常见的微博互动活动形态，具体如图6-18所示。

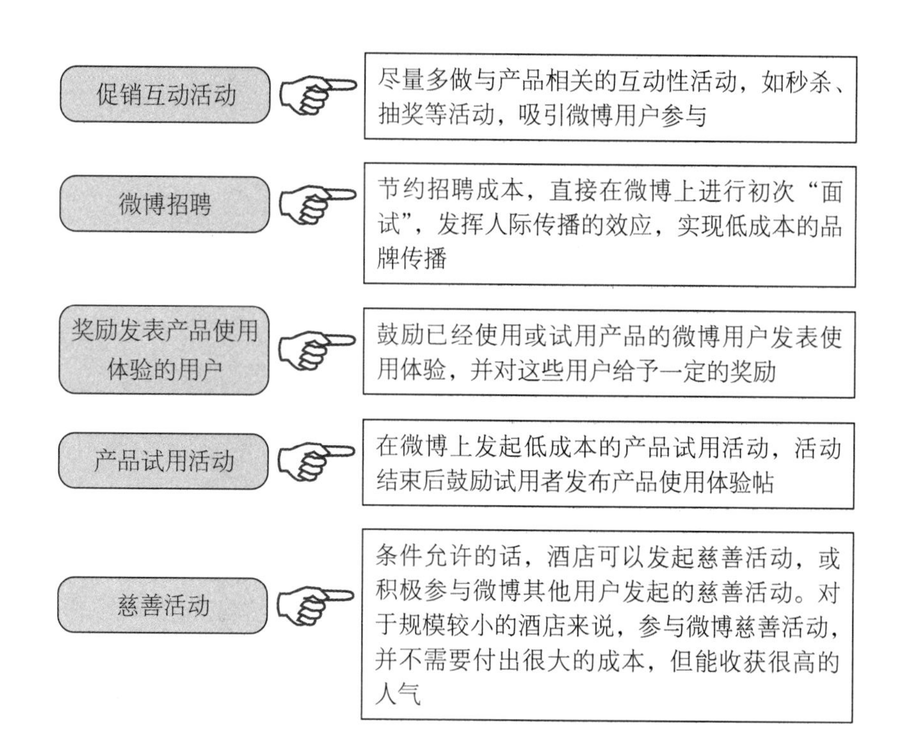

图6-18　常见的微博互动活动形态

四、微博植入广告营销

在现实生活中，人们购买产品时会严重受到信任的朋友评价的影响。微博是人际交流的场所，在交流的过程中植入广告是微博植入广告营销的核心。常见的微博植入广告形式，具体如图6-19所示。

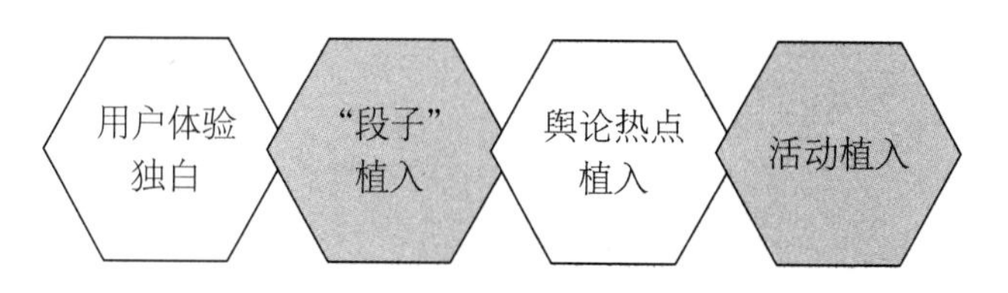

图6-19　常见的微博植入广告形式

1. 用户体验独白

人们每天都在微博里记录自己的生活和感受，这些内容一定有相当一部分涉及自己使用的产品，这些评论就构成了真实的口碑。如果发起一个活动，让使用酒店产品的用户来主动讲述自己的使用体验——无论好的体验还是坏的体验，并给予发布体验独白的用户一定奖励，激发用户向朋友推荐这个品牌的热情。

2. “段子”植入

好玩、幽默、表达人生感悟的“段子”（有时会配上图片和视频）总是能让大众喜欢，喜欢的理由如同人们喜欢听相声、脱口秀一样。因此，酒店微博把品牌广告植入这些受欢迎的段子之中，受众一般不会反感，反而会赞叹广告创意的精妙。

3. 舆论热点植入

针对热点人物、热点事件植入广告。舆论热点有发生、成长、高潮、退潮四个阶段，酒店要敏锐地觉察舆论热点的发展过程，不要等热点退潮后再做植入，那时已经了无新意，不能引起观众的兴趣了。

4. 活动植入

在微博上适合做一些秒杀、抽奖、竞猜、促销等活动。

第四节　短视频营销

在数字化的影响下，短视频已成为一种流行的媒介形式，其能促进信息和内容快速流通。正是在这个背景下，短视频也成为了酒店营销的重要工具。

一、短视频营销的优势

随着短视频的发展，将短视频用于酒店营销也变得越来越流行。短视频营销作为一种全新的营销方式，在推广酒店品牌和产品方面具有独特的优势，具体如图6-20所示。

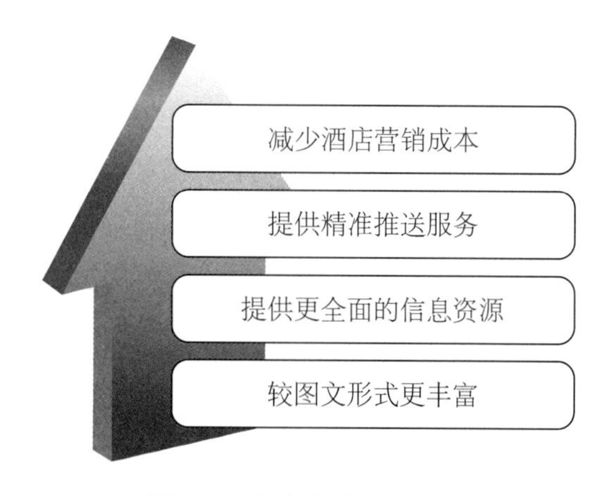

图6-20　短视频营销的优势

1.减少酒店营销成本

短视频营销能减少酒店在营销上的开支。酒店短视频营销可以通过在各大短视频平台注册酒店专属官方号，实现与平台用户直接交流，减少中间环节，免除了一些额外费用。酒店在进行营销活动时也可以通过短视频这一媒介，让更多的人参与进来，减少了酒店的人力和物力支出。同时，通过短视频营销可以发掘酒店的潜在客户，由于短视频营销是一种类似“病毒式”的营销模式，短视频在发布后是以点带面的形式进行扩散的，所以当酒店在短视频平台上发布内容时，其他用户可以在最短时间内了解到相关信息，这样营销的效率也就大大提高了。

2.提供精准推送服务

短视频营销有助于酒店完善数据库，对各平台用户进行精准推送和精准服务。酒店官方号本身就具有一定的权威性，可以让用户产生信任感。短视频平台上的明星、网红对酒店的推荐也会因其“名人效应”对用户有一定的影响。短视频的评论功能也能促进酒店与用户之间的交流，酒店要以服务的态度去倾听用户的需求，从用户的角度进行交流，让用户在酒店的人文关怀中成为客户。

3.提供更全面的信息资源

短视频营销还可以给用户一站式的服务，从用户刷到短视频，到从视频内容中了解到酒店的信息，再到用户对酒店感兴趣点进广告链接了解更多，最后到咨询预订和分享售后体验等一系列过程都可以在短视频平台内完成，以短视频为媒介做到与用户直接沟通，在一开始就能让用户感受到酒店的热情服务。

4. 较图文形式更丰富

相较于图文形式，以短视频的形式介绍产品，其中所蕴含的信息，如酒店的客房情况、环境情况等更丰富，太多的文字介绍会让人失去阅读的兴趣，而短视频的形式则很好地解决了消费者阅读疲劳的问题。通过一个简短的视频，消费者就可以获得自己想要的信息。同时，酒店可以在短视频内附带产品的购买链接，让消费者享受一站式服务，避免了打开多个应用的麻烦，减少了消费者的时间成本，促进营销达到良好效果。

小提示

短视频营销在酒店营销中的优势明显，它可以广泛传播，吸引更多的潜在客户，可以展示精彩的画面，以及举办线上主题活动，这些都是酒店营销的有效手段。因此，酒店应该充分利用短视频营销的优势，努力提高客户的满意度，以获得更多的客源和更多的利润。

二、短视频营销方案的制订

短视频可以通过生动形象的画面和简洁明了的语言，让消费者更直观地了解酒店的服务和设施，提高酒店的知名度和美誉度。酒店可以根据自己的特点和目标受众，制订有针对性的短视频营销方案，从而取得更好的营销效果。

在制订营销方案时，需考虑到图6-21所示的事项。

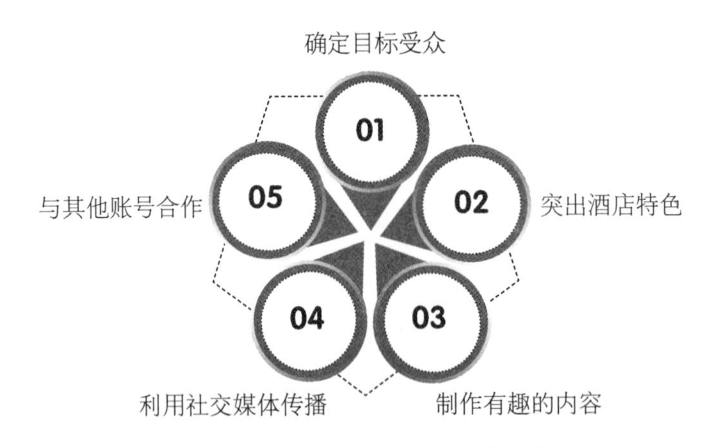

图6-21　制订短视频营销方案需考虑的事项

1. 确定目标受众

在制订短视频营销方案之前，酒店需要确定自己的目标受众是谁。是单人游客还是家庭游客？是商务游客还是度假游客？不同的目标受众有不同的喜好和需求，需要有针对性地制作短视频。

2. 突出酒店特色

酒店的短视频需要突出自己的特色，如酒店的环境、设施、服务等方面的特色。可以通过拍摄酒店的客房、餐厅、游泳池等场景，展示酒店的优势和特色。

3. 制作有趣的内容

短视频内容要有趣、有创意，才能吸引用户的注意力。可以用有趣的故事、搞笑的场景等，让用户产生共鸣和兴趣。

4. 利用社交媒体传播

短视频的传播需要依靠社交媒体平台，如抖音、快手、微博等。酒店可以在这些平台上发布短视频，并利用平台的推广功能，让更多的人看到自己的短视频。

5. 与其他账号合作

酒店可以与其他官方账号合作，如旅游景点、美食店等的官方账号，联合制作短视频。这样可以吸引更多的观众，同时也可以提高酒店的曝光率。

三、短视频营销的要点

短视频营销不仅可以提高酒店的知名度和曝光率，还可以增加酒店的预订量。那么，酒店如何做好短视频营销呢？应做到图6-22所示的几点。

1. 制作高质量的短视频

制作高质量的短视频是短视频营销的关键。酒店可以通过聘请专业的摄影师和视频制作团队来制作高质量的短视频。短视频的内容应该与酒店的品牌形象和服务特色相符，同时也要符合目标客户的身份特征。

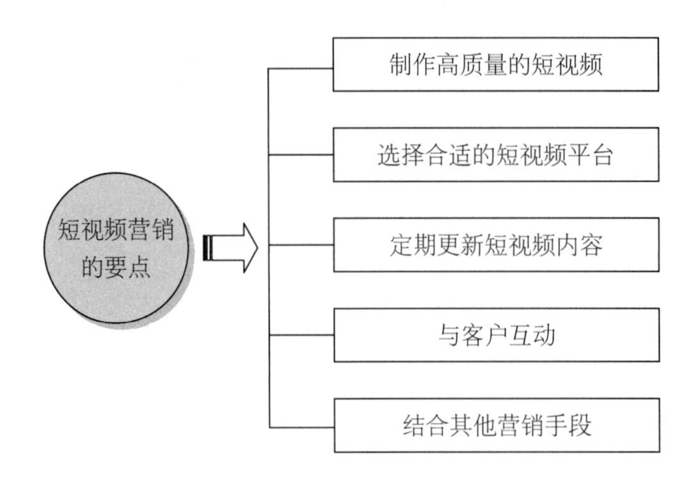

图6-22　短视频营销的要点

比如，如果酒店的目标客户是年轻人，那么可以制作一些时尚、有趣的短视频，以吸引他们的注意力。

2.选择合适的短视频平台

目前，市面上有很多短视频平台，酒店应该选择适合自己的短视频平台，以便更好地推广自己的品牌和服务。

比如，如果酒店的目标客户是年轻人，那么可以选择在抖音和快手上发布短视频；如果酒店的目标客户是商务人士，那么可以选择在微博和LinkedIn上发布短视频。

3.定期更新短视频内容

短视频营销需要定期更新短视频内容，以保持客户的兴趣和关注度。酒店可以根据不同的节日和活动制作相应的短视频，以吸引客户的注意力。

比如，可以制作圣诞节、情人节、母亲节等节日主题的短视频，或者制作宣传酒店的新产品、新服务等的短视频。

4.与客户互动

短视频营销不仅是一种营销手段，还是一种与客户互动的方式。酒店可以通过短视频平台与客户进行互动，这样可以增加客户的参与度，提高客户的满意度和酒店口碑。

酒店可以通过图6-23所示的几种方式来与用户互动。

1	回复用户的评论，解答用户的疑问，增强用户的信任感
2	发布一些与酒店相关的话题，吸引用户参与讨论，增加用户黏性
3	举办一些线上活动，如抽奖、打卡等，吸引用户参加，提高用户参与度
4	鼓励用户上传自己在酒店的照片或视频，增加酒店曝光度
5	鼓励用户将酒店短视频分享到自己的社交平台上，扩大宣传范围

图6-23　与客户互动的方式

5.结合其他营销手段

短视频营销可以与其他营销手段结合起来，以达到更好的效果。

比如，可以在短视频中加入酒店的二维码或链接，引导客户前往酒店的官网或在线预订平台进行预订。同时，也可以在其他营销渠道中投放短视频，以扩大宣传范围和影响力。

四、制作短视频的注意事项

制作一个精美的短视频是短视频营销的前提。短视频要有一个明确的主题，如酒店的服务、设施、环境、美食等。在制作过程中，需要注意以下几点。

① 视频长度不宜过长，一般在1～3分钟。

② 视频内容要简洁明了，突出重点，不要过于烦琐；要有亮点，能够吸引用户的注意力。

③ 视频画面要美观，可以采用一些特效和音乐来增强观赏性，也可以通过摄影、后期制作等手段来提升画面质量。

④ 视频语言要生动有趣，可以采用一些幽默的手法来吸引观众。

⑤ 视频要有一个明确的结尾，可以加上酒店的联系方式和地址等信息。

⑥ 视频中要有品牌元素，比如酒店的标志、名称等。

五、发布短视频的注意事项

酒店需要选择合适的平台发布短视频。不同的平台有不同的用户群体和特点，需要根据酒店的定位和目标客户来选择合适的平台。

在发布短视频时，需要注意图6-24所示的事项。

事项一	标题要简洁明了，突出重点，能吸引用户点击观看
事项二	描述要详细，充分介绍酒店的服务、设施、环境等信息，让用户更加了解酒店
事项三	标签要准确，选择与酒店相关的标签，提高视频的曝光率
事项四	发布时间要选择用户活跃的时间段，提高视频的观看量

图6-24　发布短视频的应注意事项

第七章

酒店客户管理

客户是酒店生存和发展的基础，市场竞争实质上就是争夺客户的竞争，因此吸引一大批稳定客户来重复性消费对酒店的长期经营管理至关重要，可以帮助酒店提高客户满意度和忠诚度，提高酒店行业形象和竞争力，促进酒店的长足发展。

本章思维导图

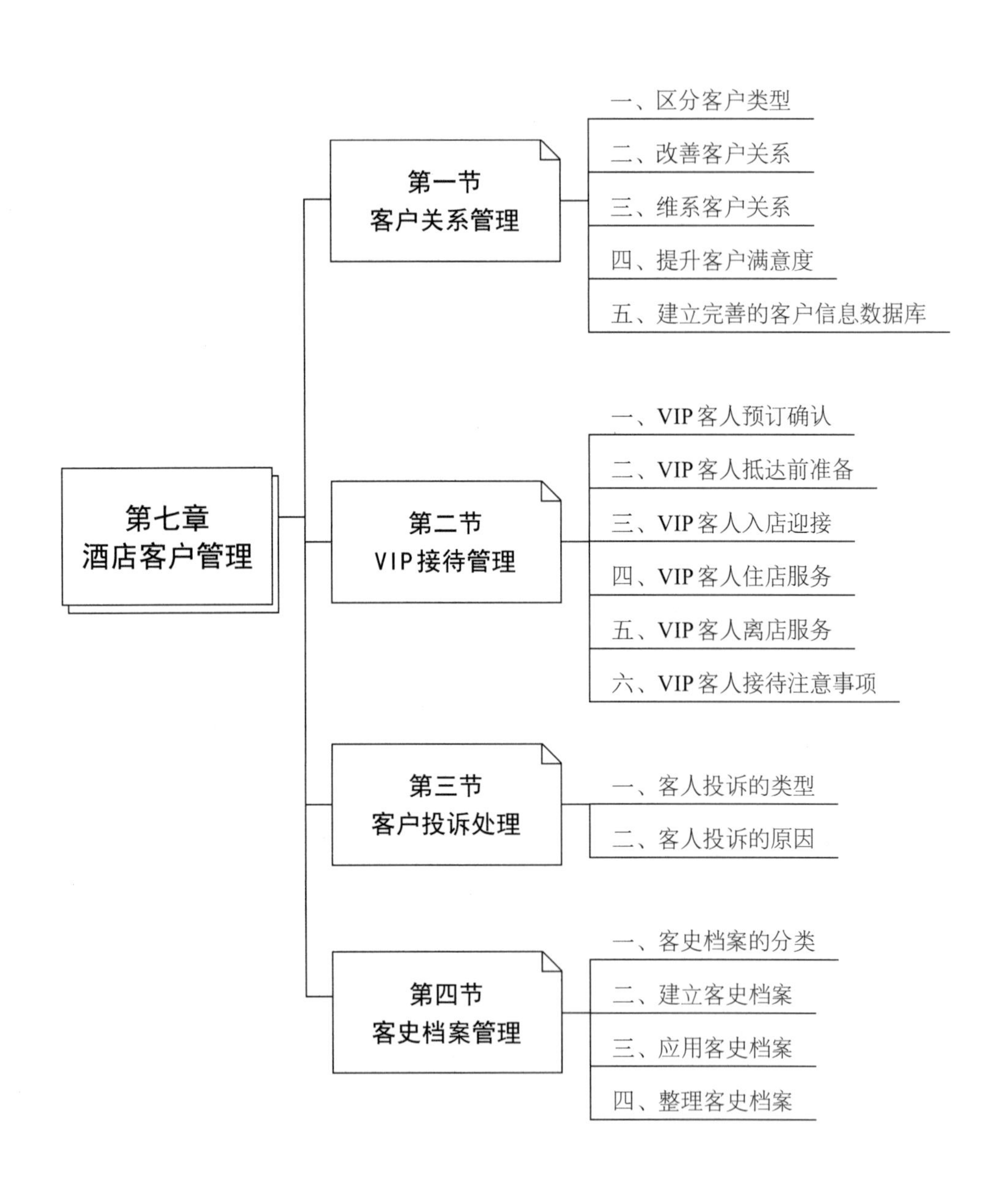

第七章
酒店客户管理
第一节
客户关系管理
一、区分客户类型
二、改善客户关系
三、维系客户关系
四、提升客户满意度
五、建立完善的客户信息数据库
第二节
VIP接待管理
一、VIP客人预订确认
二、VIP客人抵达前准备
三、VIP客人入店迎接
四、VIP客人住店服务
五、VIP客人离店服务
六、VIP客人接待注意事项
第三节
客户投诉处理
一、客人投诉的类型
二、客人投诉的原因
第四节
客史档案管理
一、客史档案的分类
二、建立客史档案
三、应用客史档案
四、整理客史档案

第一节　客户关系管理

客户关系管理是酒店经营管理的核心内容，良好的客户关系是酒店生存与发展的重要资源。酒店应有一套完整的客户关系管理的理论与方法来实现内部统一的管理，提高客户满意度，改善客户关系，从而提高酒店的综合竞争力。

一、区分客户类型

对于酒店来说，其服务对象就是客户。一般来说，酒店的客户主要有图7-1所示的几种类型。

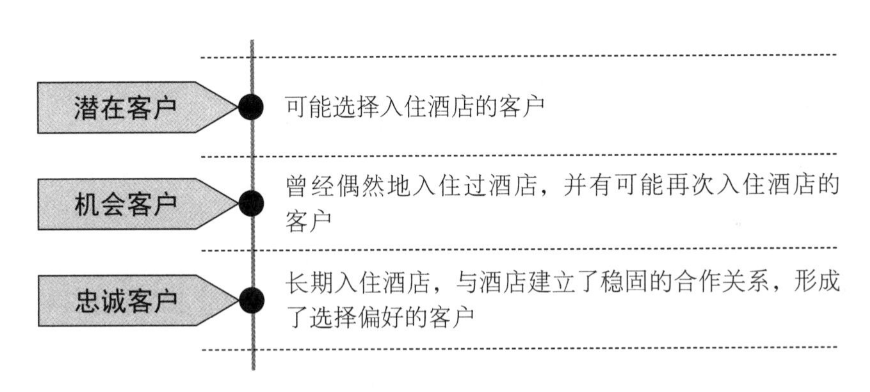

图7-1　酒店客户的类型

通过对客户进行区分，酒店可以对千变万化的市场进行系统分析，从而制订有效的市场开拓计划，将潜在客户发展成机会客户，直至发展成忠诚客户。

二、改善客户关系

1.将潜在客户发展成机会客户

对于潜在客户，可以采取图7-2所示的措施将其发展成机会客户。

2.将机会客户发展成忠诚客户

对于机会客户，可以采取图7-3所示的措施将其发展成忠诚客户。

措施一	充分发挥媒体尤其是互联网的作用，通过提供全面、及时、个性化的酒店信息，争取在他们成为酒店的机会客户
措施二	以沟通为重点，通过广告宣传、专题促销活动、代理商介绍等手段接近吸引客户，努力使客户由潜在的购买状态转变为现实的购买行为
措施三	酒店建立客户咨询服务中心，为客户解答疑难，争取交易机会
措施四	通过客户之间的推荐建立口碑效应，促进潜在客户转化为现实客户

图7-2　将潜在客户发展成机会客户的措施

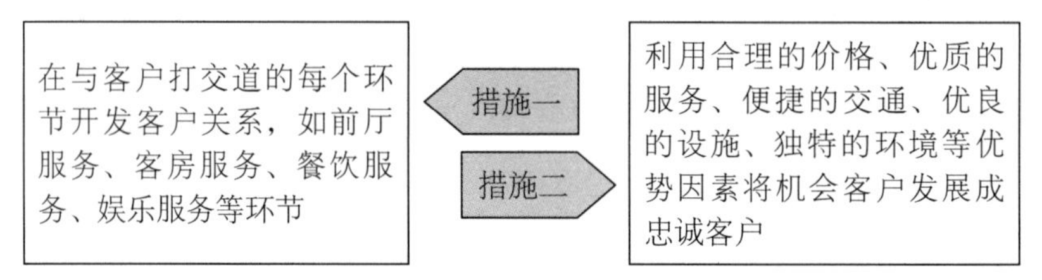

图7-3　将机会客户发展成忠诚客户的措施

三、维系客户关系

要知道，开发一个新客户的成本是维护好一个老客户成本的3～5倍，那么维护好客户关系的重要性可想而知。维系客户关系的有效方法如图7-4所示。

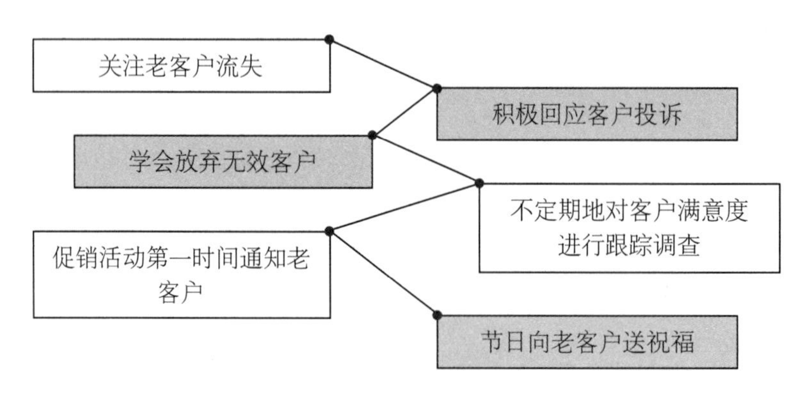

图7-4　维系客户关系的方法

1. 关注老客户流失

关注老客户流失，深入分析了解老客户流失的原因，才能发现在工作中做得不到位的地方，从而采取相应的补救措施，防止更多客户流失。

客户流失，直接表明酒店为客户提供的价值达不到客户的期望，即酒店为客户提供的服务存在某个方面或多个方面的缺陷。服务过程的任何一个环节出现差错，都会对酒店为客户创造的价值产生不利的影响。

2. 积极回应客户投诉

酒店在对客服务中被投诉是不可避免的，关键是酒店要善于把投诉的消极面转化成积极面，积极主动地应对客户的投诉，并给予解决措施，使客户投诉造成的伤害减少到最低，争取使客户满意。从而不断提高服务质量，防止投诉的再次发生。

3. 学会放弃无效客户

有些客户属于无效客户，无论采取什么营销方式都很难使其消费。这类客户群体从现实的角度来分析，就应该放弃。但也并非要刻意无视这类客户群体，而是对于消费能力较弱的老客户不要花太多管理精力。

4. 不定期地对客户满意度进行跟踪调查

客户满意度跟踪调查是衡量客户满意程度的重要方式。满意度调查，可以直接地反映出客户对酒店提供的服务满意与否。只有不定期地对客户群体进行相关调查，发现问题并及时纠正，才有可能持续提升客户满意度。

5. 促销活动第一时间通知老客户

当酒店推出促销活动时，应第一时间通知老客户。这样能体现出酒店对老客户的关怀，让老客户感觉到被尊重。即使是已经很久没有来过酒店的老客户，也要坚持通知，这样可以挽回客户对酒店的好印象。

6. 在节日给老客户送祝福

酒店对于老客户，包括不来消费的老客户，每年都要在节日发送祝福的信息。不要因为客户没来消费，就忽视客户，只有坚持付出关心，才能长久地维系客户关系。

四、提升客户满意度

通过营销，把客户引进来只是酒店客户关系管理成功的第一步，而能否留住客户，使客户成为忠诚客户才是酒店客户关系管理的目标。要想留住客户，使客户转化为忠诚客户，其关键因素就是要争取让每一位客户满意，除了提升硬件质量与服务质量外，还有个非常有效的方法，就是提供增值服务，给客户以消费之外的惊喜。这项工作开展得好无疑对于巩固酒店的忠诚客源、提高酒店的美誉度都具有非常重要的意义。

一般来说，酒店可采取以下措施来提供增值服务。

1.实行消费累计回馈制度

消费累计回馈制度是当客户在酒店的消费累计达到一定的额度或次数时，酒店会以实物、免消费或现金等形式给予回馈与返还的制度，以此激励客人不断来店消费。

2.举办幸运抽奖活动

酒店每月举办一次幸运抽奖活动，以奖励来店消费的客人，活动一般在月末时举办。若被抽中的客户未在本地，奖品可以根据奖券上的地址邮寄。幸运抽奖活动增加了酒店卖点，在提高酒店魅力的同时，又使酒店收集到更多的客户资料，丰富了酒店客户管理内容。

3.持续的进行情感联络

酒店客户管理要做到每逢大型节日，给客户送上一封来自酒店的手写祝贺信，一封手写的祝贺信能产生不可估量的作用。

五、建立完善的客户信息数据库

客户信息数据库是客户关系管理的物质载体。酒店经理可以通过数据库从宏观角度对客户进行总体把握，通过大数据分析有针对性地做出合理决策；对于酒店普通员工而言，根据信息数据库提供的服务对象的相关资料，可以为客户提供个性化的服务，让客户对酒店产生归属感。

比如，希尔顿酒店通过建立客户档案信息库，着重记录客户的需求偏好，以便在客户下一次光顾时为其提供量身定制的个性化服务。如某位客户经常入住双人床无烟房，这样的关键信息就会被记录到数据库中。当这位客户下次光顾酒店时，即使他不提出这一要求，酒店也会预先询问他是否需要这种房间，或直接办理入住。

建立完善的客户信息数据库应注意以下两点。

1.搜集信息的渠道

建立完善的客户信息数据库需要从多种渠道搜集客户的相关信息。具体来说，酒店可以从图7-5所示的渠道进行信息搜集，然后对这些信息进行整合存储，方便以后分析使用。

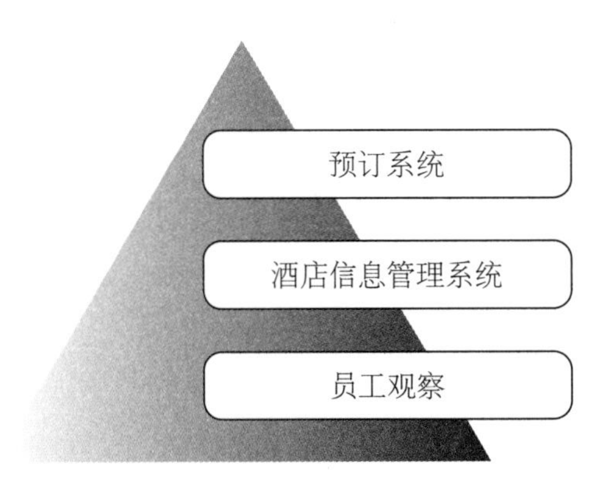

图7-5 搜集信息的渠道

2. 需搜集的信息内容

需搜集的信息主要包含以下几类：客户基本资料、联系方式、订房渠道、以往的消费记录、入住周期、选择的房间类型、呼叫的服务、个人偏好、投诉处理记录、积分、忠诚度等。

【实战工具18】

客户数据库

姓名		性别		年龄	
联系方式			订房渠道		
房间类型			个人偏好		
入住周期			消费记录		
投诉处理记录			呼叫的服务		
积分			忠诚度		
备注					

小提示

对于酒店来说，客户是直接为酒店创造效益的群体，客户信息的收集与维护至关重要。不管是大型酒店还是中小型酒店，都需要建立自己的客户信息数据库，以便关注客户的消费动态。

第二节　VIP接待管理

VIP是Very Important Person的缩写，指重要的人，即贵宾。由于VIP客人在社会上有较高的地位，本身具有较大的影响力和号召力，因此做好VIP接待工作至关重要。对于酒店来讲，VIP客人的接待服务工作做得如何，直接体现了酒店的服务水准和档次，对酒店树立良好声誉，提高知名度等起着至关重要的作用。

一、VIP客人预订确认

VIP客人预订确认工作包括以下内容。

① 营销部在获得VIP客人的预订信息时，应尽量详细了解客人的各项资料，填写VIP客人接待通知单并将其交给前厅部。

② 前厅部主管核实通知单信息并做好前期沟通工作，正式打印VIP客人接待通知单并将其交酒店经理签字确认，然后下发给各相关部门执行（注意：VIP客人接待通知单要用红纸打印，一般通知单用白纸打印，更改通知单用粉红色纸打印）。

③ 酒店经理召集相关部门主管召开VIP客人接待协调会议，前厅部主管负责介绍相关情况、接待要求，各参会人员协商接待办法，酒店经理负责分配任务，掌握关键控制点。

④ 各部门主管按照会议指示和VIP客人接待通知单（表7-1）上的要求向内部员工详细传达VIP客人接待信息，为相关人员布置任务，做好接待准备工作。

二、VIP客人抵达前准备

1. 前厅部

① 提前确认VIP客人到店的时间、人数、车辆数量、酒店迎接位置及迎送路线（营销部负责协助）。

② 提前一天发送迎接短信给各相关部门。

③ 提前全面检查一次迎接路线。

④ 安排好行李员的站位和欢迎词，明确行李运送规范。

表7-1　VIP客人接待通知单

TO：□餐饮部　□客房部　□财务部　□前厅部　□大堂经理　□行政部　□留存

编号：__________　日期：__________　签发：__________

VIP客人			身份	
来店事由				
抵店时间			离店时间	
接待要求	前厅部			
	客房部			
	餐饮部			
	财务部			
	行政部			

2. 客房部

① 提前两小时按接待标准布置好房间和专为VIP客人准备的特殊物品，调好灯光，备好热水、水果等。

② 领班、主管各检查一次客人入住房间的各项设备是否齐全和正常。

③ 安排好各关键点的迎接工作。

④ 安排领班以上级别人员专门为VIP客人提供服务。

3. 餐饮部

① 安排好迎宾员的站位和欢迎词，明确引领规范。

② 布置好用餐场地、用餐指示牌、灯光、餐桌、鲜花、礼品、烟酒、饮料、音响等。

③ 开餐前，餐饮部主管亲自检查VIP客人所用包厢的设备及餐具是否齐全和正常；开餐中，餐饮部主管亲自带领优秀服务员为VIP客人服务。

④ 与厨房确认好菜品的准备情况，如上菜时间、菜品特殊要求等。

4. 保安部

① 及时向酒店传递VIP客人预计进店时间、车辆特征、行进线路等信息，以便其他部门做好相关准备工作。

② 安排好关键点保安人员的站位，明确敬礼和用语规范。

③ 预留好客人停车的位置。

5. 工程部

① 安排音响师与相关服务人员对接，准备相关音乐、灯光编排。

② 准备好话筒、电池等相关用品，必要时安排专人摄像。

三、VIP 客人入店迎接

VIP 客人入店迎接的流程如下。

① 在接到 VIP 客人即将抵达的报告后，酒店经理与相关部门主管（迎接人员视 VIP 客人级别而定）提前到指定地点迎接。

② 当 VIP 客人抵达时，保安人员行礼并上前打开车门，前厅部主管致欢迎辞并引荐酒店方面的高层领导（必要时安排专人送上鲜花）。

③ 行李员帮忙将行李运送到指定地点。

④ 酒店经理或前厅部主管将房卡递给客人，并陪同客人至目标房间。

⑤ 接待部门领班开好电梯，服务员在楼层主要通道口列队欢迎。

⑥ 楼层服务员在客人抵达房间前打开房门，并将房门虚掩。

⑦ 保安部负责维持现场秩序，引导车辆停放及控制电梯。

⑧ 客房部派人负责拍照留念。

四、VIP 客人住店服务

VIP 客人住店服务的具体内容如下。

① 前厅部负责 VIP 客人在店期间的整体协调工作并及时解决各类问题，跟进客人住店进程，协调好开餐时间及活动安排，并及时通知相关部门做好准备工作。

② 客房部应尽快为 VIP 客人清理房间，根据 VIP 客人的生活习惯、爱好等及时调整服务方法；主管、领班须每天检查房间设备、设施及卫生情况，发现问题要及时解决。

③ 餐饮部应及时跟进 VIP 客人的用餐情况，部门主管必须亲自安排菜单。

④ 保安部在值勤时需着正装、戴礼宾手套，在巡逻时注意巡视 VIP 客人的车辆情况，保证客人及其财物的安全。

五、VIP 客人离店服务

VIP 客人离店服务的具体内容如下。

① 前厅部核对 VIP 客人住店期间的账务情况，确认 VIP 客人的费用结算方式，确

定客人离店时间，并通知相关部门做好相应的准备工作。在VIP客人离店时，酒店经理与相关部门主管（送别人员视VIP客人级别而定）在楼层主要通道口和出入口欢送，直至客人离开酒店。

② 客房部在VIP客人退房时应仔细检查房间内有无客人遗留物品，如果有，应及时上报前厅部主管。

③ 财务部提前准备好VIP客人的所有账单，结算清楚并复核，为VIP客人提供迅速、准确的结账服务。

④ 保安部负责维持现场秩序，引导车辆停于酒店正门前以方便VIP客人上车，并做好车辆疏导工作。

六、VIP客人接待注意事项

为了圆满完成VIP客人接待工作，酒店经理及各部门员工应注意以下几个重要事项。

① 在VIP客人抵达前一天，将房卡或房间钥匙装入VIP客人信封（信封上加盖VIP客人专用印章）。

② 准确地将VIP客人资料输入酒店管理系统。

③ VIP客人房号必须保密。

④ VIP客人的信件、传真等必须严格登记，由专人收发。

⑤ 酒店门口迎送的礼宾员应戴白手套。

⑥ 尊重VIP客人的风俗习惯或个人爱好，尽量满足客人的特殊要求。

⑦ 如果有多个VIP客人分住几个房间，应在房卡或欢迎信上注明每位客人的房间号及电话。

第三节 客户投诉处理

客人对服务的需求是多种多样、千差万别的，不管酒店的档次有多高，设备设施有多么先进完善，都不可能百分之百使客人满意。因此，客人的投诉是不可能完全避免的。但关键是酒店要善于把投诉的消极面转化成积极面，通过处理投诉来促使自己不断提高服务质量，以防止投诉的再次发生。

一、客人投诉的类型

客人投诉往往是由酒店工作上的过失，或客人对酒店有误解，或不可抗力，以及某些客人别有用心等因素而造成的。就客人投诉内容的不同，投诉可分为以下几种。

1.针对酒店员工服务态度的投诉

拥有不同消费经验、不同个性、不同心境的客人对服务态度的敏感度不同，但评价标准不会有太大的差异，容易导致客人投诉的服务态度主要有以下几种。

① 员工待客不主动，客人感到被冷落、被怠慢。

② 员工待客不热情，表情生硬、呆滞，甚至冷淡，言语不亲切。

③ 员工缺乏修养，动作、语言粗俗无礼，甚至挖苦、嘲笑、辱骂客人。

④ 员工态度咄咄逼人，使客人感到难堪。

⑤ 员工无根据地怀疑客人行为不轨。

2.针对酒店服务效率的投诉

这种投诉不是针对具体员工的，而是针对具体事情的。

比如，餐厅上菜、结账速度太慢，影响客人就餐；前台入住登记手续烦琐，客人等候时间太长；邮件送达迟缓，耽误客人大事等。

针对酒店服务效率进行投诉的客人有的是急性子，有的是有要事在身，有的是因酒店服务效率低而蒙受经济损失，有的是因心境不佳而借题发挥。

3.针对酒店设施设备的投诉

因酒店设施设备不正常、配套项目不完善而让客人感觉不便是导致客人投诉的主要原因之一。

比如，客房空调系统失灵，洗手间排水系统堵塞，会议室未配备必要的设备等。

4.针对酒店服务方法的投诉

因酒店服务方法欠妥而对客人造成伤害或使客人蒙受损失也是导致客人投诉的重要原因之一。

比如，大堂地面打蜡时不设护栏或标志，导致客人摔倒；总台催交房费时表达方式不当，导致客人误以为酒店暗指自己故意逃账；服务人员与客人意外碰撞，导致客人被烫伤等。

5. 针对酒店违约行为的投诉

当客人发现酒店未能及时兑现承诺时，就会感到被欺骗、被愚弄，因此会进行投诉。

比如，酒店未兑现优惠的承诺，酒店未能按要求完成委托代办服务等。

6. 针对酒店产品质量的投诉

酒店出售的产品主要包括客房和食品。如果客房有异味，寝具不洁，餐厅食具、食品不洁，食品未熟、变质，酒水是假冒伪劣品等，均可能引起客人投诉。

7. 针对酒店员工行为的投诉

酒店员工的以下行为可能导致客人投诉：员工行为不检，违反相关规定（如向客人索要小费等）；员工损坏、遗失客人物品；员工不熟悉业务，一问三不知；保洁、保安工作不达标；管理人员对客人投诉的处理方式不当等。

二、客人投诉的原因

就投诉的原因而言，客人投诉既有酒店方面的原因，也有客人方面的原因。

1. 酒店方面的原因

酒店方面的原因主要如图7-6所示。

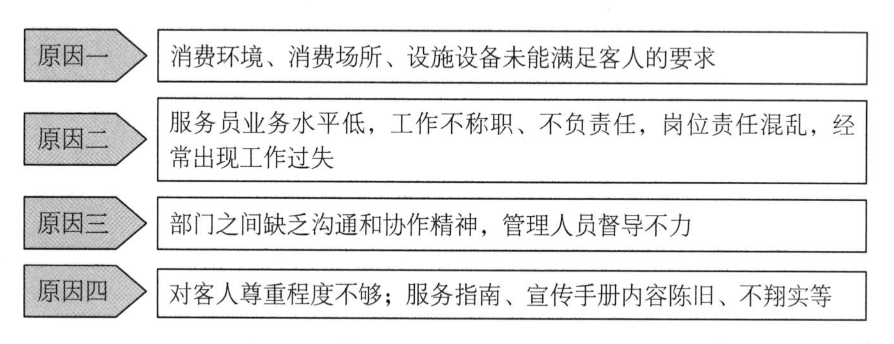

图7-6 引起客人投诉的酒店方面的原因

2. 客人方面的原因

客人方面的原因主要是对酒店的期望较高，一旦现实与期望相差太远时，会产生失望感；对酒店宣传内容的理解与酒店想表达的有分歧；个别客人对酒店工作过于挑剔等。

第四节　客史档案管理

客史档案又叫宾客档案，它是酒店在对客服务过程中对客人的自然情况、消费行为、信用状况、偏好和期望等做的记录。客史档案管理是酒店客户关系管理和服务质量管理中的一个关键点，酒店经理要给予高度的重视。

一、客史档案的分类

一般来说，客史档案可以分为表7-2所示的几个类型。

表7-2　客史档案的类型

序号	类型	具体说明
1	常规档案	主要包括客人姓名、性别、年龄、出生日期、国籍、地址、联系方式、单位名称、职务等。酒店收集和保存这些资料，可以了解客人的基本情况，掌握客人动向、统计客源及客源数量等
2	消费特征档案	主要包括客人租用房间的种类、房价、支付费用、付款方式、接受过酒店哪些种类服务、是否有欠款、漏款等。酒店收集和保存这些资料能够使酒店了解客源市场的情况，不同类型客人及特点、客人的入住途径，借助这些有效信息帮助酒店进行销售推广
3	个性档案	包括客人的脾气、性格、爱好、兴趣、习俗、宗教信仰、禁忌等，这些资料都有助于酒店给客人提供针对性的服务，从而改进酒店的服务质量，提高服务效率
4	反馈意见档案	包括客人在住店期间的意见、建议、表扬和投诉及其处理结果等信息

二、建立客史档案

一般来说，前厅部是建立和管理酒店客史档案的主要责任部门，其他部门（如餐饮部、营销部、客房部等）负责协助前厅部收集客人资料、完善档案内容。酒店在建立客史档案时应注意以下几点。

1.树立全店的档案意识

客史档案信息来源于日常的对客服务过程，需要酒店全体员工在对客服务中有意识地去收集。因此，酒店经理在日常管理和培训中应不断向员工宣传客史档案的重要性，培养员工的档案意识，营造人人关注、人人参与收集客人信息的良好氛围。

2.建立科学的客户信息制度

酒店经理应把收集、分析客人信息作为日常工作的重要内容，将客人信息的收集、分析工作制度化、规范化，要求各部门、各级管理者及员工在接触客人的过程中将客人信息及其需求填写到客人档案表中。各部门应注意的信息如下。

（1）前厅部

◆ 客人的姓名、性别、国籍、籍贯；

◆ 客人的职位；

◆ 客人就职公司名称、地址；

◆ 身份证、护照号码；

◆ 联系电话、传真号码、电子邮箱地址；

◆ 出生日期、结婚纪念日；

◆ 房间的预订与确认方式（如传真、电话、电子邮件、商业信函等）；

◆ 喜欢的房间类型；

◆ 房间价格、预订来源；

◆ 喜欢的欢迎礼品（如鲜花、水果、酒水等）；

◆ 付账方式、消费总额；

◆ 抵离日期、房间号码；

◆ 客人的意见与投诉；

◆ 行李寄存记录；

◆ 客人喜欢的店内服务项目。

（2）餐饮部

◆ 客人喜欢的餐厅、菜式、酒水、饮料；

◆ 客人喜欢的用餐氛围、个人习惯；

◆ 用餐的价位、折扣；

◆ 客人喜欢的厨师、餐厅服务员；

◆ 客人的特殊要求。

（3）营销部

◆ 房间的预订与确认方式（如传真、电话、电子邮件、商业信函等）；

◆ 预订来源；

◆ 房间的种类、价格；

◆ 客人的职务、任职公司的名称、地址。

（4）客房部

◆ 客人喜欢的客房用品、卫浴用品；

◆ 客人要求的清洁房间和夜床服务的时间与次数；

◆ 客人喜欢的房间清洁方式和物品摆放位置；

◆ 客人衣物对洗涤的特殊要求及相关注意事项；

◆ 客人喜欢的收取衣服的时间；

◆ 客人喜欢的收纳衣服的方式（如折叠、挂架等）；

◆ 其他特殊要求（如额外的枕头、毛巾、毛毯、变压器和多功能插座等）。

3. 开展信息化管理

客史档案必须纳入酒店信息管理系统，酒店信息管理系统应具备以下功能。

（1）信息共享功能。酒店应利用信息管理系统实现客史档案的资源共享功能，以便各部门能够相互传递信息，充分发挥客户档案的作用。

（2）检索功能。客史档案应便于随时补充、更改和查询。

（3）及时显示功能。在酒店任一个服务终端输入客人基础数据后，系统应能立即显示客人的相关资料，为员工接待客人提供依据。

【实战工具19】

酒店客人档案表

编号：

姓名			性别	
公司/职务			国籍	
身份证/护照			籍贯	
信用卡			出生日期	
电话			电子邮箱	
邮政编码			传真	
地址				
订房	房间类型		房号	
	预订来源		预订方式	
	房价		欢迎礼品	

续表

客房	客房卫浴用品		夜床服务方式	
	夜床服务时间		清洁房间方式	
	清洁房间时间		物品要求与摆放	
	客衣洗涤要求		客衣送出时间	
	客衣收取时间		洗衣送回时间	
	洗衣送回方式			
餐饮部	餐厅名称		菜式	
	酒水/饮料		用餐氛围	
	餐台的摆设		特定厨师/服务员	
	用餐价位		折扣	
	个人习惯		个人爱好	
其他				

三、应用客史档案

酒店可利用客史档案进行常规化的经营服务。酒店营销部门、公关部门应根据客史档案所提供的资料，加强与VIP客户、回头客、长期协作单位之间的沟通和联系，使之成为一项常规性工作，可以通过经常性回访客户，在客人入住后征询意见、在客户生日时赠送鲜花，节日期间寄送贺卡、邀请客户参加酒店主题活动、向客户推荐新的菜式产品等方式来拉近酒店与客户之间的关系，让客人感到亲切和尊重。

四、整理客史档案

管理和应用酒店客史档案是一项系统工程，酒店经理应予以高度重视，定期对客史档案进行分析与整理，并将其作为制定各项经营决策的依据。整理客史档案时主要有以下几个要点。

1.分类管理

除了要分门别类地整理客人资料，还要根据客人的来源、信誉度、消费能力、满意度等对其进行分类，这是客史档案管理的基础。

2.有效运行

客史档案的归档程序：先由各收集区域将信息传递给各部门文员汇总、整理，再传递给客史档案管理中心，由管理中心统一建立客人信息资料库供各部门随时查阅。对于初次入住的客人，应立即为其建立档案，并将档案及时传递给相关部门；对于常客，则应调用以往的记录，为其提供更有针对性的服务。

3.定期整理

为了充分发挥客史档案的作用，酒店应每年系统地对客史档案进行一到两次检查。酒店要制定完善的信息反馈及更新机制，确保客人信息的时效性与准确性，及时添加新信息，删除无用的信息。

第八章

酒店成本控制

实施有效的成本控制措施来降低经营成本，是酒店提高经营管理水平和经济效益，增加企业综合竞争力的重要手段。酒店成本控制的加强，必然能带来经济效益的提升，实现利润最大化。

本章思维导图

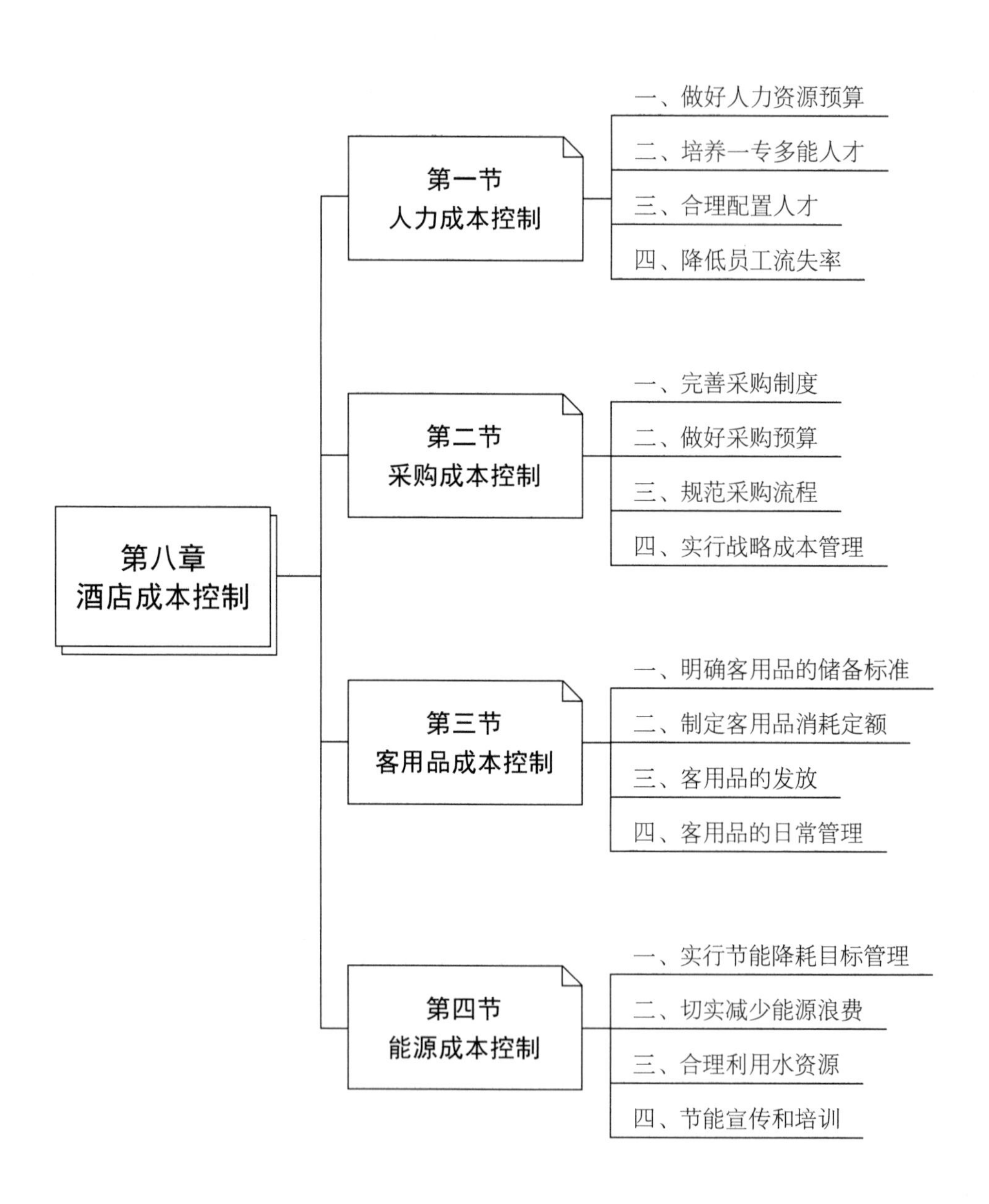

第八章
酒店成本控制
第一节
人力成本控制
一、做好人力资源预算
二、培养一专多能人才
三、合理配置人才
四、降低员工流失率
第二节
采购成本控制
一、完善采购制度
二、做好采购预算
三、规范采购流程
四、实行战略成本管理
第三节
客用品成本控制
一、明确客用品的储备标准
二、制定客用品消耗定额
三、客用品的发放
四、客用品的日常管理
第四节
能源成本控制
一、实行节能降耗目标管理
二、切实减少能源浪费
三、合理利用水资源
四、节能宣传和培训

第一节　人力成本控制

酒店业也属于劳动密集型产业，人力成本在整个成本中占有很大比例。酒店经理需从全局考虑，充分发挥工作人员的主观能动性，对用人数量进行控制，切实提高劳动生产率，才能有效地控制酒店的人力资源成本。

一、做好人力资源预算

人员过多会造成人力资源浪费，人力资源成本高，直接影响经济效益；而盲目减少人员，又会出现服务人数不足，加班频繁，直接影响服务质量。所以合理的人力资源预算就显得相当重要。

在进行人力资源预算时，应根据酒店实际情况和各岗位的工作情况进行科学分析，需要考虑的因素如图8-1所示。

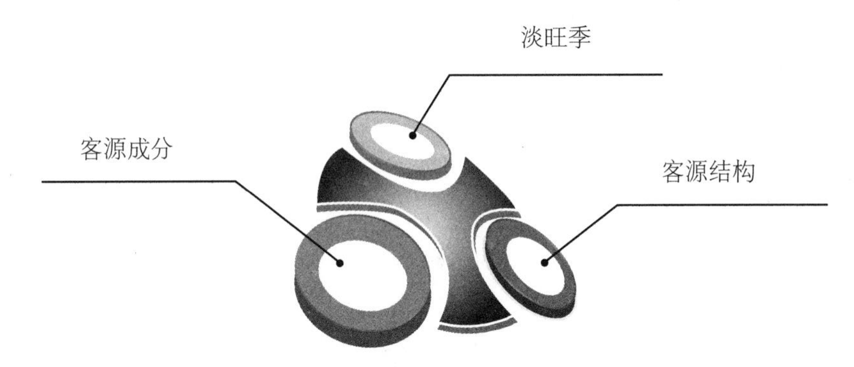

图8-1　做人力资源预算应考虑的因素

1.淡旺季

这是酒店必须充分注意的问题，应根据淡旺季变化确定员工人数，寻找一个最佳的切入点，既保证旺季时员工不因无休止地加班而造成身心疲惫，降低服务质量，又防止淡季时员工过“剩”而使有的员工无事可做，浪费人力资源。

2.客源结构

不同的客源结构有不同的特点，这些特点对酒店的人力资源安排具有重要的参考价值。

比如，旅游团队的接待入住登记简单，团队白天基本不在酒店，晚上回店时间较晚，服务要求相对少；商务客人自身综合素质高，注重身份，在意所受到的重视程度，讲究服务的周到细致；会议客人的报到登记复杂，而且长时间在酒店逗留，临时要求多。

又如，东南亚地区的客人注重旅游的数量，因此大部分时间都消耗在旅游项目上，实际在酒店的时间不多；欧美地区的客人则注重旅游的质量，不愿意在旅游景点之间奔波，因此在酒店的时间较多。

酒店应根据以上情况在排班、补休等方面进行合理的安排，本着科学利用工时，提高工作效率，充分利用人力资源的精神进行预算，避免机械地套用公式，造成人力资源的浪费。

二、培养一专多能人才

现在许多酒店因分工过细，致使员工的工作技能单一，不利于员工的调配，造成“工作忙的忙死，闲的闲死”这样不合理状况。这样，工作任务重的员工容易产生思想情绪波动，从而影响工作效率和服务质量；而那些工作任务轻的员工又容易“无所事事”，发生违纪行为。因此，要大力开展一专多能人才培训活动，广泛开展同一部门内部和不同部门之间的岗位交叉培训，培养复合型、多用途人才，从而最大限度地发挥人力资源的优势。

所谓一专多能，就是要求员工除了熟练掌握本岗位专业技能之外，还要掌握本部门其他岗位的基本操作技能。对员工的一专多能培训，可以采取图8-2所示的几种方法。

图8-2 一专多能培训方法

1.奖励培训

鼓励员工在工作之余参加社会组织的培训。员工参加社会组织的各种培训，并取得本岗位之外的其他岗位的操作证、毕业证、结业证、资格证等证书的，酒店可根据自身标准进行考核，并给予合格者奖励。奖励可以是报销全部或部分学费，或是发放一次性奖金，或给予津贴等，以此调动员工学习的积极性，全面提高员工的综合服务技能。这种办法也是最便捷的办法，既可以缓解酒店自身培训力量的不足，充分利用社会资源，又可以利用员工的自觉性解决上班与培训在时间上的矛盾。

2. 交叉培训

交叉培训可以在部门内进行，也可以在部门之间进行。选择对酒店忠诚，文化水平较高，专业技能熟练，具有发展潜力的员工进行交叉培训。可以根据工作情况和员工接受能力而决定培训是一次进行还是多次进行。

3. 定期轮岗

对于参加过以上培训并经酒店考核合格的员工，最好定期进行岗位的轮换。一方面，员工虽然接受了培训，并经过了酒店的标准考核，但如果其所学技能长期不应用，久而久之就会生疏。通过岗位轮换可以保持技能的熟练程度，酒店就不用组织再培训，避免造成培训资源的浪费。另一方面，员工长期在一个岗位工作，难免会失去新鲜感，产生厌烦的情绪，从而影响工作效率和服务质量。通过定期的岗位轮换，可以充分利用培训资源，为员工提供一个发挥自身潜力的平台，调动员工的工作积极性和主动性，使酒店的服务质量始终保持在高水平。要做好员工定期轮岗，需抓住以下几个要点。

（1）建立科学的轮岗制度。

科学的轮岗制度是轮岗有序、合理进行的保障。根据酒店轮岗目标，酒店人力资源管理部门要制订详细的轮岗计划、编制科学的轮岗制度、确定轮岗的对象、周期、人数及考核评价等，同时明确奖惩措施，处理好轮岗工作的协调，沟通等问题，全面推进轮岗工作顺利有序开展。

（2）做好轮岗培训是关键。

培训是为了让轮岗员工对新的工作环境和业务有所了解，学习新的知识和能力。调查显示，42%的酒店人认为轮岗培训是整个轮岗制度的关键。做好轮岗培训工作，不仅可以提高整体的工作效率，节约人力成本，也可以为企业发展培养一批优秀的人才。

（3）尊重员工意愿。

如果管理者在实施轮岗制度的时候，强制员工轮换岗位，很难保证员工在新的岗位上能安心工作。因此，要把轮岗落到实处，不能单靠命令，还要做更多细化工作，采用自由申请的方式是多数酒店员工所希望的。

（4）避免一刀切，明确目的。

对不同层级的岗位来说，轮岗的目的与意义不同，例如在基层主管和普通员工间进行轮岗，主要目的是实现工作丰富化，熟悉不同的流程，提高部门人员与岗位之间的互相替换性与替补性。因此酒店要把轮岗作为酒店培训与职业生涯管理的一个重要组成部分来执行，并要清楚地认识到在岗位轮换中需要发展和培养员工哪些技能。

（5）改进轮岗的考核体系。

在员工轮岗的过程中与结束后都应该有相应的考核体系来评估轮岗效果。可由HR负责对员工进行绩效评估，并制定追踪考核制度保障后续的评估。

 **小提示**

轮岗是一项系统的工作，需要各种支持体系，因此酒店人力资源部不应该被动介入，而应该在轮岗开始之前主动制订计划，打造支撑体系，这样才能保证轮岗达到预期的目标，为酒店及员工带来益处。

三、合理配置人才

现在许多酒店在招聘员工时不根据各个工作岗位的实际情况，而一味强调高学历。但一些大学生做楼层服务员或餐厅服务员等基层员工后，往往不能摆正自己的位置，一方面吃不了苦，另一方面自我感觉“大材小用”，结果没工作多久就辞职。既影响了酒店工作的正常进行，又浪费了人员招聘的经费，造成人力资源成本的增加。所以酒店在招聘员工时，要根据各个岗位的实际情况，选择不同文化层次的员工，避免盲目的人才高消费现象。

四、降低员工流失率

走马灯似的人才流失，意味着企业成本支出增加，甚至是更大的代价。目前，酒店员工流失率高已成为困扰酒店管理者的一大难题。对此，酒店经理应想方设法留住人才，降低员工流失率，具体措施如图8-3所示。

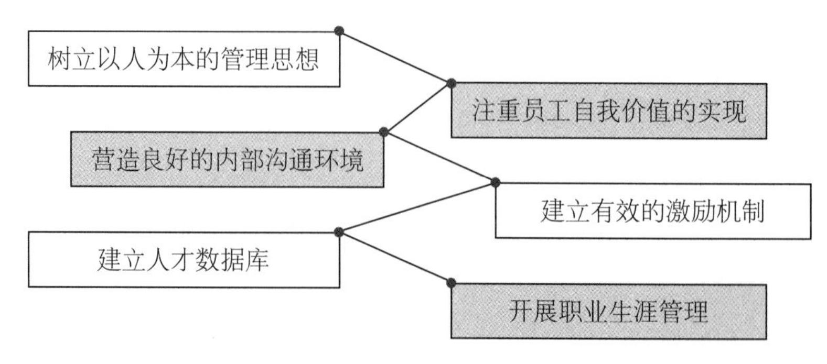

图8-3　降低员工流失率的措施

1. 树立以人为本的管理思想

酒店经理应转变观念，树立以人为本的现代人力资源管理理念，充分调动人才的主动性、积极性和创造性。把人作为生产力的第一要素，在以人为本理念的指导下，进行科学有效的人力资源管理，打造以人为本的酒店文化。同时，把酒店员工和顾客放到同一地位，在贯彻“顾客是上帝的”理念的同时，用“人才是主人”的态度来看待人才；把酒店高层管理人员和人才间简单的上下级关系变为平等的合作关系。只有把以人为本的管理理念贯穿到酒店人力资源管理全过程，酒店人才的工作积极性和主动性才能充分体现，酒店才能留住人才。

2. 注重员工自我价值的实现

将员工在酒店中所处的角色从“执行者”转换为“参与者”这种角色的转变就是从某一方面淡化酒店组织中的等级差异。酒店应及时公布关于酒店经营目标、发展方向和组织计划等的信息，和酒店内部各层面员工分享信息；给予员工广泛参与酒店决策的机会，增强员工的主人翁意识和责任感。

酒店经理可通过图8-4所示的几个方法，注重员工自我价值的实现。

方法一 **注重员工个人需求**

了解员工个人需求，并尽可能地加以满足，这是现代管理的重要标志之一。每个员工的需求各有侧重，管理人员应从各个不同的侧面了解并尽力满足

方法二 **充分授权，让员工参与管理**

这意味着赋予员工更多的灵活性。这样做，既体现了管理层对员工的尊重和信任，又提高了员工的能力，从而增强员工自信心，员工对管理层的信任感也随之增强

方法三 **为优秀人才的独立创新提供条件**

优秀人才是指酒店各个领域的优秀员工，这一群体都具有不甘落后、自尊心强和不断进取的特征。管理人员要为优秀人才创造条件，以激发他们的创造思维，把他们的全部才能发挥出来

图8-4 注重员工自我价值实现方法

3. 营造良好的内部沟通环境

如果酒店信息沟通不畅，缺乏必要的反馈，将会引起很多误解与矛盾，降低员工

满意度，因此，营造良好的内部沟通环境，建立员工满意的监控机制是非常重要的，这样能使员工的意见和建议及时得到反馈，形成酒店的民主化管理气氛，从客观上满足一部分员工参与管理的愿望，也使管理者掌握更多的员工动态。

4.建立有效的激励机制

首先，在实际的操作中，酒店应该因时、因人而异，采取适当的激励措施，这将大大有利于酒店人员的稳定及工作效率的提高。其次，酒店应在资源分配上尽量做到合理，使所有员工在获得或争取奖酬资源方面，机会均等。另外，物质激励要和精神激励并重。只有这样，才可以使酒店员工之间的人际关系更融洽，营造一种酒店关心员工，员工热爱酒店的双赢环境氛围。具体方法如表8-1所示。

表8-1 有效激励的方法

物质激励	精神激励
（1）建立科学的绩效考核制度，将员工的个人利益与企业的经济效益联系起来，将员工的工资同个人工作绩效挂钩，薪酬按工作绩效拉开档次，酒店可实施“固定工资+绩效工资+效益工资+奖金”的薪酬结构模式，这样有助于酒店留住优秀员工，淘汰不合格员工 （2）酒店可以让优秀的人才参与酒店利润分享，使其真正与企业风险共担，利益共享，更能发挥员工的积极性	（1）首先，要让员工有归属感，把酒店当作他们精神上的家园，从而真正树立主人翁的意识，增强对酒店的忠诚度，就要创造一种互相尊重、协调一致、和谐融洽的气氛 （2）及时给予员工适度的赞美和肯定。管理者对于员工工作中的成绩和创新要及时予以表扬和肯定，而不能一味认为做得好是应该的，做得不好就要接受惩罚，这样会极大挫伤员工的积极性。因为赞美和肯定是对员工辛辛工作的最好回报，可以激发员工的热情，挖掘员工的潜力

5.建立人才数据库

根据酒店的发展战略，酒店人力资源部应建立酒店的人才需求系统，定期调查本行业的人才供求状况，以确定酒店未来需要的人才数量；通过职位分析，以确定酒店未来需要的人才的类型；通过职位分析，对现有的员工进行“盘点”，建立酒店员工数据库，其具体内容包括：经历、学历、家庭背景、培训情况、技能证书、职业兴趣，特长、曾取得的荣誉与惩罚情况、主管的评价等。

人才数据库反映了员工的竞争力，通过人员数据库可以判断哪些员工有潜质，能成为酒店的培养对象，或员工适合哪些位置，这样，可以保证酒店空缺的位置有相应数量的员工来填补，有合适的人才来填补。

同时，依据酒店职业人的标准确立什么样的员工是酒店需要的员工，他们应该是具备“特殊”素质，有“特殊”的思维方式、工作态度和心理素质，对酒店文化认同，一切为客人着想，有潜能，经过磨炼后，能迅速成长、独当一面的可塑之才。然后，分析员工的素质与数量是否与酒店的业务相匹配，以及确定人才的内部开发与外部招聘比例等。

6.开展职业生涯管理

职业生涯是指一个人工作职业的发展道路。职业生涯管理是将员工个人发展和企业发展相结合，对决定员工职业生涯的主观因素进行测定、分析和总结，并通过设计、规划、执行、评估和反馈的过程，使每个员工的职业生涯目标与企业发展的战略目标相一致，使员工的发展与企业的发展相吻合。通过对员工职业生涯的管理，酒店能达到自身人力资源需求与员工职业生涯需求之间的平衡，创造一个高效率的工作环境和引人、育人、留人的机制。同时，可以使员工看到自己在酒店中的发展道路，而不至于为自己目前所处的地位和未来的发展感到迷茫，从而降低员工的流失率。

酒店对员工进行职业生涯管理时，应当根据不同员工的特点采取相应有效的职业生涯管理方法，一般可以针对新员工、中期员工和老员工三类人员进行操作。

（1）对新员工的职业生涯管理。

酒店应该为新员工提供一个富有挑战性的工作。大多数专家认为，企业最重要的事情之一就是争取让新员工的第一份工作富有挑战性，比如对于流失率最高的新入酒店的大学生，酒店要为他们提供发展机会，促进其健康成长。酒店可以采用表8-2所示制度对大学生员工职业生涯进行管理。

表8-2　新入酒店的大学生员工职业生涯管理制度

序号	制度	说明
1	岗位自选制度	给予新进酒店的大学生员工选择自己感兴趣的部门及工作岗位的权利，使他们乐于工作，并能“劳”有所长
2	职业指导制度	帮助大学生员工进行职业规划，设置合理而可行的目标和实现途径，如提供职业发展的准确信息、职业生涯咨询，潜力评估等。酒店通过为大学生员工指明其在酒店的发展前景和努力方向，从而增强大学生对酒店的归属感
3	项目实验制度	酒店可以采取招标方式，由大学生员工自由组合，组成项目小组，参与某个主题活动的设计和组织。酒店应给予大学生员工充分授权和信任，并允许失败。以此建立起的参与机制，既可以满足大学生员工急于把知识转化成生产力的愿望，使他们在实践中检验自己的实际水平，磨炼自己的意志，培养自己的能力，又可以使他们感受到酒店的重视和赏识，从而提高其工作积极性和对企业的忠诚度

续表

序号	制度	说明
4	职务见习制度	酒店给予在基层工作一段时间的大学生员工见习管理职务（如见习领班或见习主管），这不仅可以锻炼大学生员工的管理能力，也可以激发他们的工作热情，使他们看到酒店对自己寄予的希望而安心工作。同时，通过对大学生员工见习期工作表现的全面观察，可以对他们的综合素质和管理能力进行评估，为日后晋升提供依据。当然，对于见习期表现优秀的大学生员工，企业应尽早将他们提升到管理岗位。酒店只有为大学生员工提供一个良好的工作和发展的环境，才能提高大学生员工对酒店的忠诚度

（2）对中期员工的职业生涯管理。

对于中期员工，酒店依然要充分信任，大胆地将富有挑战性的工作或探索性的工作安排给他们。酒店可以实行工作轮换制，即内部跳槽制度，一方面可以使员工在一次次新的尝试中了解自己的职业兴趣，更准确地评价自己的优势和不足；另一方面可以使员工经受多方面的锻炼，拓宽视野，培养多方面的技能，满足各方面和各个层次的需求，从而为将来承担更重要的工作打下基础。

（3）对老员工的职业生涯管理。

到员工职业生涯后期，员工的退休问题必然提到议事日程。为减少和避免退休对员工和酒店造成影响，对员工退休事宜细致周到地计划和管理尤为必要，包括做好细微的思想工作，做好员工退休的计划安排，做好员工退休之际的职业规划衔接等。

第二节　采购成本控制

采购成本对一个酒店的经营利润起决定性作用，一般来说，采购成本占企业总成本的70%左右，因此控制与削减采购成本是酒店成本控制的核心环节。

一、完善采购制度

酒店应完善采购制度，做好采购成本控制工作。采购工作涉及面广，并且主要是和外界打交道，如果酒店不制定严格的采购制度和程序，不仅采购工作无章可依，还会给采购人员提供暗箱操作的机会。完善采购制度要从表8-3所示几个方面做起。

表8-3 完善采购制度的要点

序号	要点	说明
1	建立严格的采购制度	建立严格、完善的采购制度，不仅能规范企业的采购活动，提高采购效率，杜绝部门之间推诿现象，还能预防采购人员的不良行为。采购制度应规定物料采购的申请程序、授权人的批准权限、物料采购的流程、相关部门（特别是财务部门）的责任和关系、各种材料采购的规定和方式、报价和价格审批程序等。比如，可在采购制度中规定采购物品时要经过向供应商询价、列表比较、议价等环节，然后选定供应商，并把所选的供应商及其报价填在请购单上；还可规定超过一定金额的采购须附上三个以上的书面报价等，以供财务部门审核
2	建立供应商档案和准入制度	（1）对酒店的正式供应商要建立档案，供应商档案除了要有编号、详细联系方式和地址外，还应经严格的审核才能归档 （2）酒店在采购时最好选择已归档的供应商 （3）供应商档案应定期或不定期地更新，并有专人管理。 （4）同时要建立供应商准入制度，重点材料的供应商必须经质检、物料、财务等部门联合考核后才能进入，如有可能要到供应商生产地实地考察
3	建立价格档案和价格评价体系	采购部门要对所有采购物资建立价格档案，采购时要将每一批采购物品的报价与档案中的材料价格进行比较，分析价格差异的原因。如无特殊原因，原则上采购的价格不能超过档案中的价格，否则要作出说明。对于重点物资的价格，要建立价格评价体系，由单位有关部门组成价格评价组，定期收集有关的供应价格信息，分析、评价现有的价格水平，并对归档的价格档案进行评价和更新
4	确定材料的标准采购价格	财务部应根据市场变化和产品标准成本确定重点监控的物资标准采购价格，促使采购人员积极寻找货源，货比三家，不断降低采购价格

通过以上四个方面的工作，虽然不能完全杜绝采购人员的暗箱操作，但对完善采购管理制度，提高效率，控制采购成本，确实有较大的成效。

二、做好采购预算

预算是成本控制的关键。酒店经理只有结合实际有针对性地做好采购成本预算，并严格执行预算指标，采购成本才能真正得到控制。预算要根据酒店的实际，制定在可控的范围内，要科学合理。预算的要点主要有以下几方面。

① 编制采购预算，使采购部事先预知全年采购规模，拟订采购计划，提前了解市场采购信息，按采购计划组织实施，避免零星、无计划的采购行为。建立采购年度综合预算制度，在财务综合预算中单独列出，从资金控制上为采购把关。

② 把部门预算与酒店采购的工作有机结合起来，将采购预算细化到每个部门和

项目。

③ 强化采购年初预算的约束力和在操作上的指导性，限制采购人员临时追加采购预算的行为，严格预算的执行。

三、规范采购流程

酒店应该规范各类物品的采购工作流程，以降低采购过程中的各项业务办理成本。

1. 仓库补仓物品的采购工作流程

仓库的每种存仓物品，均应设定合理的采购线，在其存量接近或低于采购线时，即需要补充存货。仓库负责人要填写采购申请单，经总经理签批后送采购部经理初审，采购部经理在采购申请单上签字确认，并注明到货时间，按采购申请单上的要求，在至少比较三家供货商后选定最优供应商，提出采购意见，按酒店采购审批程序报批，经总经理批准后，采购部立即组织实施采购。一般物品的采购要求在3天内完成，如有特殊情况，要向主管领导汇报。

【实战工具20】

采购申请单

申购部门：　　　　申购日期：　　　　制表人：

物资名称及规格型号	库存数	上期单价及供应商	月度用量	采购数量	单价	总额	本期供应商
如需进口或有特殊要求，请说明理由：							
付款方式：							
用途/理由：							
采购部经理：		申购部门经理：		财务部经理：		总经理：	

说明：此表格一式二联，一联财务，一联申请部门，每联用不同颜色区分

2. 部门新增物品的采购工作流程

若部门需添置新物品，部门负责人填写采购申请单，经总经理审批后，连同采购申请单一并送交采购部，采购部经理初审同意后，按采购申请单上的要求，在至少比较三家供货商后选定最优供应商，提出采购意见，按酒店采购审批程序报批，经总经理批准后，采购部立即组织实施。

3. 部门更新替换旧有物品的采购工作流程

如部门需更新替换旧有物品，应先填写一份物品报损报告给财务部及总经理审批。经审批后，将物品报损报告和填好的采购申请单一并送交采购部，采购部须在采购申请单内注明以下内容。

① 货品名称，规格。

② 最近一次订货单价。

③ 最近一次订货数量。

④ 对本次订货数量的建议。

采购部在至少比较三家供应商的价格品质后，选定最优供货商，并按酒店采购审批程序办理有关审批手续，经总经理批准后，组织采购。

4. 燃料的采购工作流程

采购部根据餐厅营业情况与厨师长编制每日采购计划，填写采购申请单，以电话落单形式采购。

5. 维修零配件和工程物料的采购工作流程

工程仓库日常补仓由工程部填写采购申请单，且采购申请单内必须注明以下内容。

① 货品名称，规格。

② 平均每月消耗量。

③ 库存数量。

④ 最近一次订货单价。

⑤ 最近一次订货数量。

大型改造工程或大型维修活动的物料采购，工程部需做工程预算，并根据预算表中的项目填写采购申请单（工程预算表附在采购申请单下面），且采购申请单内注明以下内容。

① 货品名称，规格。

② 库存数量。

③ 最近一次订货单价。

④ 最近一次订货数量。

⑤ 对本次订货数量的建议。

以上采购申请单经总经理签批后送采购部经理初审，采购部经理初审同意后，按采购申请单上的要求，在至少比较三家供货商的价格品质后，选定最优供应商，提出采购意见，按酒店采购审批程序报批，经批准后，采购部立即组织采购。

6.厨房存货的采购工作流程

厨房对不同存货，采取不同周期的采购申报计划，如表8-4所示。

表8-4 采购申报计划

序号	类别	说明
1	日计划	需购进的各种基础性原材料食品，由厨房各档口负责人根据当天营业情况预测第二天的需要量，据此填制原材料申购单，报厨师长审核签字后，交采购部办理正式采购业务（没有厨师长签字确认的不予采购）。原材料申购单下单时间为每晚8:30 ～ 9:00。蔬菜、肉类、冻品、三鸟（鸡、鸭、鹅）、海鲜、水果等物料的采购申请，由各部门厨师或主管，根据当日经营情况，预测明天用量，填写每日申购单交采购部，采购部当日营业结束后以电话落单或第二天直接到市场选购
2	周计划	需购进的干货、调料，冻品、烟酒等由仓库报计划，由厨师长、副总经理预测下周需求量，拟订采购申请单和原材料申购单，交采购部办理采购业务。下单时间为每周一下午3:00 ～ 4:30
3	月计划	需购进的厨房低值易耗品、印刷用品等，由副总经理预测下月需要量，并据此填制采购申请单，由厨师长、副总经理、总经理签字后，交采购部办理采购业务。申报时间为每月25日

7.采购工作流程中须规范事项

（1）采购申请单的联次

所有的采购申请单必须填写一式四联，采购申请单经部门负责人核签后，整份共四联交给会计，会计复核后送总经理。

小提示

采购申请单一共四联，在经审批批准后，第一联留仓库收货用。第二联由采购部存档并组织采购。第三联由财务部成本会计存档核实。第四联由部门存档。

（2）采购申请单的审核

收到采购申请单后，采购部应作出以下复查工作以防错漏。

① 签署核对：检查采购申请单是否由部门负责人签署，核对其是否正确。

② 数量核对：复查存仓数量及每月消耗，检查采购申请单上的数量是否正确。

8.选择供应商的工作流程

每类物品在采购时需要货比三家，目的是防止有关人员徇私舞弊，保证采购价格的合理性。酒店采取三方报价的方法来选择供应商，即在订货前，必须征询3个或3个以上供应商报价，然后再确定选用哪家供应商的物品，具体做法如下。

① 采购部按照采购申请单的要求组织进货，填制空白报价单，具体过程包括以下内容。

a.填写所需要的物品名称、产地、规格、型号、数量、包装、质量标准及交货时间，送交供应商（至少选择3个供应商），要求供应商填写价格并签名退回。

b.对于交通不便或外地的供应商，可用传真或电话询价。用电话询价时，应把询价结果填在报价单上并记下报价人的姓名，职务等。

c.提出采购部的选择意见和理由，连同报价单一起送交评定小组审批。

② 评定小组根据采购部提供的有关报价资料，参考采购部的意见，对几个供应商报来的物品价格、质量，以及供应商的信誉等进行评估后，确定一家信誉好、品质高、价格低的供应商。

9.采购活动的后续跟进工作

（1）采购订单的跟催

当订单发出后，采购部需要跟催整个过程直至收货入库。

（2）采购订单取消

① 酒店取消订单。如因某种原因，酒店需要取消已发出的订单，供应商可能会要求酒店赔偿其损失，故采购部必须预先想好有可能出现的问题及可行的解决方法，以便作出决定。

② 供应商取消订单。如因某种原因，供应商取消了酒店已发出的订单，采购部必须能找到另一个供应商并立即通知申购部门。为保障酒店利益，必须要求供应商赔偿酒店人力、时间及其他经济损失。

（3）违反合同

合同上应注明细则，如有违反，便应依合同上所注明的处理。

（4）档案储存

所有供应商名片、报价单、合同等资料须分类归档储存，并连同采购人员自购物品价格信息一起录入采购部价格信息库。

（5）采购交货延迟检讨

凡未能按时、按量采购所需物品，并影响申购部门正常经营活动的，需填写采购交货延迟检讨书，说明原因及跟进情况呈财务部及总经理批示。

（6）采购物品的维护保养

如所购买的物品是需要日后维修保养的，选择供应商时需要注意其是否提供保修服务，在购买设备等项目时，采购员要向工程部咨询有关自行维护的可能性及日后保养维修方法。同时，事先一定要向工程部了解所购物品能否与酒店的现有配套系统兼容，以免造成不能配套或无法安装的情况。

四、实行战略成本管理

1. 估算供应商的产品或服务成本

酒店采购管理虽强调酒店内部的努力，但要真正做到对采购成本的全面控制，仅靠自己内部的努力是不够的，还应该对供应商的成本状况有所了解，只有这样，才能在价格谈判中占主动地位。在谈判过程中，可通过参观供应商的设施，观察并适当提问以获得更多有用的数据；明确要求供应商如实提供有关资料，以估算供应商的产品或服务成本。在估计供应商成本并了解哪些材料占成本比重较大之后，可安排一些对自己有利的谈判，并尽可能加强沟通和联系，即与供应商一起寻找降低大宗材料成本的途径，从而降低自己的采购成本。进行这种谈判，要始终争取双赢的局面，以达到与供应商建立长期良好合作关系的目的。

2. 对竞争对手进行分析

对竞争对手进行分析的目的是要明确我方酒店与竞争对手相比成本态势如何，本酒店的优势在哪里，对手的优势在哪里，优势和劣势的根源是什么，是源自酒店与竞争对手战略上的差异，还是源自各自所处的环境不同，或是酒店内部结构、技术、管理等方面原因。然后从消除劣势，保持优势入手，制定在竞争中战胜对手的策略。通过对竞争对手的分析，可以帮助酒店找到努力的方向，在竞争中保持先机。

第三节　客用品成本控制

客用品价值虽然较低，但品种多，用量大，如果不控制好用量，就容易造成浪费，影响酒店的经济效益。

一、明确客用品的储备标准

1. 客房配备标准

客房配备标准是实施客房用品成本控制的基础。通常每一间客房都有其配备标准，应将其列成书面材料以供日常发放、检查及培训之用。

2. 工作车配备标准

这也是客房服务员的入门基础课。工作车用品的配备往往以一个班次的耗用量为基准，它同样需要制成书面材料。

3. 楼层小库房配备标准

楼层小库房往往需要备好一周的用品，储存条件好的库房也有备有两周用品的。对于储备量，应制成明确的标准贴在小库房的门后或墙上，以供领料对照。

4. 中心库房配备标准

客房部应设一个客房用品中心库房。它既可供各楼层定期补充用品，又可满足各楼层因用品耗量过大而形成的临时领料需求。通常，其存量可满足一个月以上的需求。对于那些进货条件比较好的酒店来说，可不必再另设客房用品库房，采购的物品经验收后可直接入中心库房，其储备额应与补仓周期相适应。

二、制定客用品年消耗定额

酒店应按照客房总数、客房类型及年均开房率，确定各类客用品的年消耗定额，并以此为依据，对各班组及个人的客用品控制情况进行考核。由于团体客人和散客的客用品消耗量不同，所以，也可以根据酒店每年接待的团体客人和散客的比例和数量，分别计算团客和散客的年消耗定额，然后加总，即为客房部客用品总的年消耗定额。

1. 一次性消耗品的年消耗定额制定

一次性消耗品年消耗定额的制定方法，是以每间客房每天的配备额为基础，确定每年所有客房的总配备额，然后根据预测的年平均出租率来制定年消耗定额。

计算公式为：

$$A=b\times x\times f\times 365$$

其中：A表示每项一次性消耗品的年消耗定额；b为每间客房每天配备额；x为酒店客房总数；f为预测的年平均出租率。

例如，某酒店有客房300间，年平均出租率为80%，每间客房每天牙膏、圆珠笔的配备额分别为2支、1支。该酒店牙膏、圆珠笔的年消耗定额，根据上述公式计算得：

牙膏的年消耗定额 $A=b\times x\times f\times 365=2\times 300\times 80\%\times 365=17.52$（万支）

圆珠笔的年消耗定额 $A=b\times x\times f\times 365=1\times 300\times 80\%\times 365=8.76$（万支）

2. 多次性消耗品的年消耗定额制定

多次性消耗品的年消耗定额的制定基于多次消耗品的年损耗率。其定额的确定方法，应按照酒店的星级或档次规格，确定单房配备数量，然后根据其损耗率，即可制定消耗定额。

计算公式为：

$$A=B\times x\times f\times r$$

其中：A表示每项多次性消耗品的年消耗定额；B为每间客房每天配备额；x为酒店客房总数；f为预测的年平均出租率；r为用品的年损耗率。

例如，某酒店有客房400间，每间客房配备床单3套（每套4张）。预计客房平均出租率为75%。在更新周期内，床单的年损耗率为35%，其年度消耗定额，根据上述公式计算得：

床单的年度消耗定额 $=B\times x\times f\times r=3\times 400\times 75\%\times 35\%=315$（套）

三、客用品的发放

客用品的发放应根据中心库房的配备定额明确一个周期和时间。这不仅是方便中心库房的工作，也是促使楼层日常工作有条理，以及减少漏洞的一项有效措施。

在发放日期之前，客房领班应将其所辖楼层的库存情况了解清楚并填写领料单。凭领料单领取货物之后，即将此单留在中心库房以便作统计用。

四、客用品的日常管理

1. 控制流失

客用品的流失主要是员工造成的，因此做好员工的思想工作很重要；同时，还要为员工创造不使用客房用品的必要条件，如更衣室和员工浴室应配备员工专用挂衣架、手纸或香皂等。另外，要随时锁上楼层小库房门，工作车要按规定使用，控制酒店员工及外来人员上楼层，加强各种安全检查和严格执行各项管理制度。

2. 每日统计

在服务员完成每天的客房整理之后，应填写一份主要客用品耗用表。最好还要将整个客房部的客用品耗用表作汇总备案。

【实战工具21】

每日客用品统计表

月份：

	茶包	圆珠笔	擦鞋纸	卷纸	拖鞋	浴帽	梳子	牙具	肥皂	卫生袋	杯垫	DND卡	便笺纸	信纸	信封	杯套	纸杯	铅笔	小垃圾袋	大垃圾袋	洗发液
上月结余																					
本月领进																					
1日																					
2日																					
3日																					
4日																					
5日																					
……																					
其他部门																					
合计																					
本月结余																					

注：客房主管每天根据服务员报表登记客用品领用数。

3. 定期分析

一般情况下，这种分析应每月进行一次。其内容有：

① 根据每日耗量汇总表制定出月度各楼层耗量汇总表。

② 结合住客率及上月情况，制作每月客用品消耗分析对照表。

③ 结合年初预算情况，制作月度预算对照表。

④ 根据控制前后对照，确定每房每天平均消耗额。

【实战工具22】

控制前后对照表

控制之前	客源类别	控制之后	差额百分比

第四节　能源成本控制

一般来说，酒店的能源投入占酒店营收的比例在10%左右，作为酒店成本控制的又一重要组成部分，能源成本控制不仅能有效地降低酒店成本，还符合我国节能降耗的发展要求。

一、实行节能降耗目标管理

1. 建立节能降耗标准和目标

酒店要想节能降耗首先要制定各项节能降耗标准。

（1）建立节能降耗标准和目标要解决的问题

建立节能降耗标准和目标要解决以下问题。

① 使用某一项节约技术或措施到底能够节约多少水、电、气？

② 使用什么测量仪器？

③ 用什么测量方式？

④ 用什么样的计算模型进行节能效益计算？

⑤ 如何测量？

⑥ 如何计算节能效果？

（2）建立节能降耗标准和目标的要求

① 对涉及能源消耗的项目要建立定额手册，按月核减定额目标。

② 在各项目的节能降耗标准和目标确定后，酒店还要定期动态地调整定额，使之不断适应酒店的需要。

小提示

节能降耗目标的制定不能保守，也不能冒进。目标定得太高不容易达到，既浪费了人力、物力，又挫伤了员工的积极性，还有可能使企业错失生存发展的机遇；目标定得太低，起不到为酒店带来经济效益和社会效益的作用，没有实施价值。

2. 节能降耗目标分解

酒店制定节能降耗目标后，要将节能降耗目标按月、按专业分解落实。要将目标层层分解到基层，与绩效挂钩，使全体员工完成自身的节能降耗分目标，从而完成酒店的整体节能目标。

3. 节能降耗目标实施

为保证酒店节能降耗目标的实现，需要对节能降耗目标的实施过程进行控制，具体从图8-5所示的三个方面来进行。

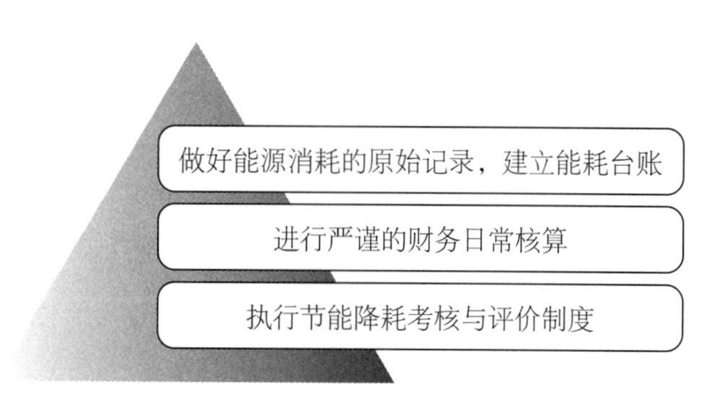

图8-5　控制节能降耗目标的实施过程的三个方面

（1）做好能源消耗的原始记录，建立能耗台账

① 酒店各个部门应认真做好能源消耗的原始记录，建立能耗台账，并按规定报送能耗定额考核情况。

② 用能部门在考核期内超定额消耗能源的应认真分析超耗原因，并按规定向酒店报送消耗能源分析报告，制定整改措施，以利于节能降耗。

（2）进行严谨的财务日常核算

酒店要进行严谨的财务日常核算。采用将目标预算与实际支出情况进行对比分析的方法，对能源消耗支出进行分析，以找出差异，寻求解决的办法。

（3）执行节能降耗考核与评价制度

严格执行节能降耗考核与评价制度，按照考核结果实施奖惩。通过严格的考核，必然能调动各部门对节能降耗的高度重视。但在具体实施过程中应注意到，酒店属于服务行业，提供给客户的产品就是客房和服务。因此，在完成节能降耗目标的过程中，不能以牺牲服务质量为代价。对于在各种情况下，应怎样进行节能改造才能不降低服务质量，酒店一定要建立相应的制度和标准。

下面是一份××酒店节能降耗管理制度的范本，仅供参考。

范本

酒店节能降耗管理制度

为进一步加强节能降耗管理，抓好节能增效工作，根据酒店能源使用实际情况，特制定本制度。

一、节能降耗管理机构

1.酒店节能降耗管理工作由机电部具体负责。

2.组建节能降耗管理小组

组长：总经理

副组长：机电部经理

组员：财务部、餐饮部、客房部、康乐部、经营部、供应部、安保部、办公室负责人

3.节能降耗管理小组职责

① 贯彻执行酒店确定的方针政策、规章制度，指导修订节能降耗管理制度及实施细则。

② 每周进行一次分析会议，听取机电部有关节能降耗管理的工作汇报，分

析能耗，制订重大节能技改方案。

③ 提出关于节能降耗的重大奖励和处罚的意见，报请酒店领导审批。

④ 负责节能降耗管理的全面工作。

4.机电部职责

① 负责对节能降耗管理实施细则的修订。

② 在节能降耗管理小组的领导下，具体执行节能降耗管理小组明确的节能降耗管理举措。

③ 负责节能降耗管理的日常工作。

④ 指定专人巡视检查设备设施，发现跑、冒、滴、漏及时处理。

⑤ 坚持每天记录各场所计量表上的数据，每周汇总编制能耗对比表，随时掌握能耗情况，发现异常情况，查找原因，提出整改意见。

⑥ 监督、检查各部门节能情况，对违反规则的部门或个人，依据节能降耗管理制度予以处罚。

⑦ 按周统计、对比能耗情况，每月公布一次能耗数，并进行有效的能耗分析，指导各部门的节能降耗管理。

⑧ 负责审查气、水、电收费计量是否准确，发现有误及时与供气、供水、供电部门协调处理。负责与供气、供水、供电部门的日常联系，取得他们的指导和帮助。

⑨ 每月负责提出节能降耗管理的奖罚处理意见，并报节能降耗管理小组审核。

二、节能降耗管理细则

1.用电规则

① 非机电部电工不得擅自接拉电线和装、修任何用电设备，外来人员需临时用电时，应向所在部门办理手续，由所在部门向机电部报批，机电部同意后由机电部派员工接、拉线。

② 各部门不得随意增添、变更用电设备设施，加大用电设备和设施功率，包括电风扇、电灯泡、取暖设备等，如确实需要，应征得节能降耗管理小组认可后由机电部接拉安装。

③ 严格控制中央空调、霓虹灯、公共区域灯光的开关时间，不得早开迟关，具体开关时间由机电部按时令掌握调整，如有特殊情况需改变开关时间的经总经理批准后方可执行。

④ 大堂的灯光控制严格按照制度执行，具体实施由大堂副理负责。

⑤ 严禁电机功率大而负载所需功率小的现象。

⑥ 全体员工应做到人离开工作场所时随手关灯、关电扇、关空调。

⑦ 客源较少的时候，总台应集中、合理安排客人用房，实行分区供电。

⑧ 大型会议、宴会期间，尽量不用电梯，安排工作人员引导客人从楼梯进入场地。

⑨ 各区域的开水箱必须按照程序及规定操作，严禁无水空烧，如有故障，及时报修。

⑩ 在开启冷、热空调期间，必须做到关闭门窗，严禁房间无人，但空调开着，门窗打开的现象出现。

⑪ 长住房、员工宿舍禁止使用大功率的电器设备。

2. 用水规则

① 严禁用热水冲洗厨房设备和地面，不得用开水化冰箱的积霜。

② 打扫客房卫生时严禁用热水。

③ 要一水多用，不得用长流水冲洗茶具、酒具等物品，冰冻食品应开小水流化冻。

④ 各种管道、设备上的龙头要经常维护保养，严禁出现跑、冒、滴、漏现象。加强员工厕所用水管理，杜绝长流水现象。

⑤ 打扫室内地面卫生时，应尽量扫、拖，不用水冲刷。打扫室外广场、通道时，不应用水冲洗，如有特殊情况，经通报批准后才准冲洗。

⑥ 严禁任何人员在酒店内洗涤私人衣物。

⑦ 生活热水温度必须控制在40 ~ 50℃之间。

⑧ 中央空调制热时出水温度在30 ~ 60℃（根据室外温度的变化在此范围内调节）。

⑨ 施工队及外来人员应遵守用水规则，服从管理。

⑩ 节约能源人人有责，全体员工要养成节水习惯，用水后随手关闭水龙头。发现滴、漏现象随时报告机电部。

3. 液化气使用规则

① 严禁液化气炉灶空烧，使用液化气炉灶时要由专人看管。

② 定期清洁液化气炉灶，确保其正常燃烧。

③ 每天检查液化气有无泄漏情况，如发现泄漏，须立即报修。

④ 指定专人负责液化气灶，并落实检查制度。

三、节能降耗控制区域划分及考核标准

1.前厅

区域	责任部门	考核标准（100分）
前厅至鱼缸区	客房部、前厅部	按规定时间开灯（6）、关灯（7）
前厅至鱼缸区	客房部、前厅部	按规定时间开空调（6）、关空调（6）、按规定控制温度（6）
前厅LED屏幕	客房部、前厅部	按规定时间开（6）、关（6）
商务中心	客房部、前厅部	按规定控制灯光亮度（6）、控制开关灯时间（7）
商务中心	客房部、前厅部	控制温度（6），夏天控制开关时间（7）、温度（7）
商务中心电脑	客房部、前厅部	人走关机（6）
商务中心打印机	客房部、前厅部	人走关机（6）
商务中心二楼	客房部、前厅部	按规定控制空调温度（6）、人走灯灭（6）

2.客房

区域	责任部门	控制项目
楼层过道（3 ～ 9F、辅3F、辅5F）	客房部	照明
3F、5F会议室	客房部	照明、空调
各楼层工作间	客房部	照明
房务中心	客房部	照明、空调
客梯前	客房部	照明
客房	客房部	照明、节水、空调
PA工作间（公共区域保洁员工作间）	客房部	照明
2F、3F公共洗手间	客房部	照明、节水

3.餐厅

区域	责任部门	控制项目
大厅客梯前吊灯	餐饮部	照明
大厅迎宾处上方筒灯	餐饮部	照明
自助餐厅	餐饮部	照明、空调、节水
商场前旋转梯（1 ～ 4F）	餐饮部	照明
2F吧台收银处	餐饮部	照明
零点厅	餐饮部	照明、空调
多功能厅	餐饮部	照明、空调
多功能厅工作间	餐饮部	照明、开水器

续表

区域	责任部门	控制项目
多功能厅门口	餐饮部	照明
2F 客梯前	餐饮部	照明
2F 包厢通道	餐饮部	照明
2F 零点厅跑菜通道	餐饮部	照明
206 包厢工作间	餐饮部	照明、节水
4F 迎宾处	餐饮部	照明
4F 包厢过道	餐饮部	照明、空调
4F 包厢工作间	餐饮部	照明、开水器
西楼梯跑菜通道（2 ~ 4F）	餐饮部	照明
各包厢	餐饮部	照明、空调

4. 厨房

区域	责任部门	控制项目
各灶台	厨房部	照明、煤气、节水
糕点、刺身、冷菜间	厨房部	照明、空调、节水
点菜厅	厨房部	照明、空调、节水
洗碗间	厨房部	照明、节水
洗杀间	厨房部	照明、节水
面点房、粤菜间、大厨房	厨房部	照明、节水、蒸汽
员工食堂	厨房部	照明、节水、蒸汽、空调

5. 工程部

区域	责任部门	控制项目
10F 霓虹灯	工程部	照明
中央空调机组	工程部	温度、开关
工程部值班室	工程部	照明、节水、空调

6. 保安部

区域	责任部门	控制项目
酒店后院围栏景观灯	保安部	照明
员工食堂门口路灯	保安部	照明
东小门路灯	保安部	照明
行政楼楼梯口路灯	保安部	照明
一楼雨棚霓虹灯	保安部	照明

7.人力资源部

区域	责任部门	控制项目
行政楼走道、洗手间	人力资源部	照明、节水
员工宿舍	人力资源部	照明、节水、空调
员工食堂	人力资源部	照明、节水、空调

8.办公室

区域	责任部门	控制项目
各办公室	各部门	照明、空调、电脑

四、奖罚规则

1.奖励

做到下列情形之一者，奖励200元以上。

① 提出节能措施和建议，经采纳使用后有节能效果。

② 举报违反节能管理规则的行为。

③ 对节约能源做出突出贡献。

④ 节省额定能源费用。

⑤ 节能管理成效明显。

2.罚款

出现下列行为之一者，扣工资50～200元，如造成重大损失，要追究经济法律责任。

① 擅自接拉电线。

② 私自增大灯泡功率、增加灯泡数量。

③ 私自增添取暖设备，如电炉、电热扇等。

④ 未经允许早开、晚关中央空调、立柜式与挂式空调、霓虹灯。

⑤ 工作场所无人办公的情况下，开灯、开空调、开电扇，使用冷、热空调时打开门窗。

⑥ 无特殊情况下，未做到集中排房。

⑦ 客房清扫时，未有效控制房间内灯光。

⑧ 对所管辖范围内违反节能管理规定的人或事不上报，隐瞒袒护。

⑨ 用长流水洗茶具、酒具、碗具或其他物品。

⑩ 用热水化霜，冲洗厨房设备、地面。

⑪ 用热水做房间卫生。

⑫ 发现管道上、设备上的龙头有跑、冒、滴、漏现象，未及时报修。

⑬ 接到维修单未及时维修，造成浪费。

⑭ 人走未随手关闭水龙头。

⑮ 冲化冷冻食品时将水龙头开得较大。

⑯ 大堂、二楼场地、包厢、自助餐厅、走廊等公共区域的灯未按规定时间开关。

⑰ 施工队及外来人员不服从节能管理。

⑱ 各炉灶、蒸箱非营业时间未关闭，发现泄漏不报修。

⑲ 所管辖部门内员工月累计五张罚款单以上。

⑳ 不服从检查。

㉑ 在酒店洗涤私人衣物。

㉒ 使用客用电梯。

㉓ 炉灶空烧，蒸箱不集中或不合理使用。

㉔ 电开水箱未按规定时间使用。

㉕ 节能管理不力，违规现象较多，能源超标。

3.未包括事宜，另行奖罚

五、监督检查员的职责

① 工作严肃认真，办事大公无私，奖罚公道。

② 全面检查每周不少于一次，平时要不定期检查。

③ 受处罚人员及事件，每月公布一次。

④ 建立健全台账制度，按月统计分析、公布各部门能耗情况，提出改进意见。

⑤ 指导帮助各部门开展节能工作。

⑥ 服从节能管理小组的管理，当好节能工作宣传员。

六、附则

① 本规则解释权归节能管理小组所有。

② 本细则自发布之日起即生效并实施。

二、切实减少能源浪费

1.建立详细的室内温度标准

酒店应确定不同时段、不同区域的室内温度标准，并严格执行。温度标准的建立要满足客人对舒适度的要求。

比如，酒店的室内温度控制在17 ～ 28℃之间，相对湿度控制在40% ～ 70%之间，夏季取高值，冬季取低值。

室内温度的变化对空调系统的能耗有较大影响。经验表明，冬季室内温度每上升1℃或夏季室内温度每下降1℃，对空调工程的投资可下降6%左右，而空调运行费用则可减少8%左右。

2. 建立能源使用巡视检查制度

酒店能源使用巡视检查制度用于发现酒店设备使用和运行中存在的跑电、冒汽、滴水、漏油现象，减少能源浪费。

比如，酒店公共卫生间水龙头滴漏水、抽水马桶的水箱漏水等现象通过巡检能被及时发现并得到维修；后勤区域的“长明灯”“长流水”现象可通过巡检得以杜绝。

据检测，一般酒店由于“跑、冒、滴、漏”造成的能源浪费占全部能源浪费的5% ～ 10%。

3. 建立详细的室内照度标准和灯具点灭制度

酒店要确定不同区域的室内照度标准和灯具点灭制度，并严格执行。照度标准和灯具点灭制度要建立在满足客人的使用要求的基础上。

比如，酒店大堂照度控制在1000lx（勒克斯），庭院照明灯夏季在早晨5:00关闭，冬季则可在早晨6:30关闭。

灯具的点灭要尽可能采用自动控制。经验表明，自动控制的照明系统可根据日照条件和需要营造的氛围调节电压和照度，比传统的控制方式节电20%左右。在没有安装自动感应控制器的场所，酒店应进行人工控制。

【实战工具23】

酒店各区域开关灯时间表

序号	照明区域名称	开灯时间	关灯时间	责任部门	提示

4.减少办公区设备的待机时间

酒店办公区设备主要包括电脑、打印机、传真机、复印机及饮水机等。工作结束后，及时关闭办公室的所有电器设备，不要让办公室电器设备处于待机状态。检测表明，电脑显示器、饮水机等设备的待机耗电为工作耗电的12% ～ 20%。另外，酒店办公、后勤服务区域要尽量减少空调的使用，利用开窗、开门的方式保持室内空气的品质。

5.改进服务、操作流程

酒店所有的服务、操作流程都会消耗能源，因此，酒店应积极发动员工，改进服务、操作流程，改变服务、操作中浪费能源的习惯，以减少能源浪费。

比如，餐厅服务员在清理包厢时，可只开启工作灯，关闭装饰灯；前厅员工给客人排房时，尽量将客人集中安排，减少空调设备的开启。

经验表明，服务、操作流程的改进能减少5%的能源消耗。

6.改变酒店员工传统的着装方式

酒店在设计员工工服时，不仅要满足工作岗位的要求、酒店礼仪的要求，更应与天气状况相适应，降低酒店员工对空调的需求。

比如，在夏季，酒店员工，尤其是管理层员工可不穿西装，改穿衬衫等较为凉爽的工装；度假型酒店，对商务礼仪的要求相对较低，酒店员工宜可着轻便、凉爽的工装，以减少空调的使用。

7.改变餐厅菜肴展示方式

酒店餐厅应改变餐厅菜肴的展示方式，减少明档的使用。餐厅明档的使用直接增加了酒店空调的负荷，并影响室内空气质量。

比如，在夏季，空调处于制冷状态时，餐厅内不宜设置使用明火保温的食品台；在冬季，空调处于制热状态时，餐厅内不宜设置保鲜陈列展示柜。自助早餐的制作台应有独立的区域，并在食品制作结束时及时关闭明火。

8.建立正确的设备操作规范

酒店应为每一台设备制定正确的、详细的操作规范。操作规范应包括设备操作、维护保养、存放、交接等方面的内容和要求。员工正确操作设备，既可提高设备的使用寿命，又可减少能源浪费。正确的操作规范能有效避免设备空转、“带病使用”等问题，也能避免设备滥用现象。

9.减少电梯的使用

酒店应积极倡导员工少用电梯。

比如，提倡上下楼时，上一层或下两层时，采用走楼梯的方式；不提重物时，尽量不乘坐电梯；不乘坐客梯等。

据检测，电梯的耗电量占酒店全部耗电量的10%，通过规范员工电梯使用行为，能减少10%的耗电量。

三、合理利用水资源

1.使用节水龙头

酒店在各个用水点，根据用水的要求和特点，使用相适应的节水龙头。

比如，在公共卫生间安装感应型节水龙头，在客间卫生间安装限流量节水龙头，适当控制水流量，以减少水的浪费。冲洗用的水管，如冲洗车辆、垃圾箱的水管，应在出水口加装水嘴，以便及时开关。

通常，节水龙头的节水率在30%以上。

2.安装并使用中水系统

酒店在新建或重建时，应安装中水系统。没有中水系统的酒店，则要通过改造，实现局部的中水回用。

比如，酒店在洗衣房、粗加工区等场所建立废水的回收装置，经沉淀、过滤等处理，满足水质要求后，用于洗车、冲洗道路、清洁垃圾房等。

酒店也可主动购买中水使用。中水系统使水得到二次利用，减少对优质水源的浪费。

3.使用节水型坐便器

酒店应使用节水型、低噪声坐便器。逐步淘汰传统的9升以上的坐便器，改为6升型或更低用水标准的坐便器。在改造过渡阶段，在保证冲洗质量的前提下，酒店可以在水箱内安装节水芯，或在每个水箱里放一个1.25升的可乐瓶，每次冲洗都能节省相应体积的水。有条件的可使用低压式真空节水型坐便器。

4.改变员工浴室用水方式

酒店在满足员工沐浴的前提下，可改变员工浴室的用水方式，促使员工节约用水。

比如，在员工浴室安装智能感应式节水系统，促使员工自觉控制用水量。智能感应式节水系统通过刷卡的方式来控制阀门的开关，实行自动计费。该系统的实质是通过经济手段，促使员工合理用水，减少水的浪费。

5.定期检测供水管网漏损情况

酒店供水管网的漏损情况应得到定期检测。供水管网的漏损比较隐蔽，但漏损量较大，据检测，酒店供水管网漏损的水量可达20%。酒店供水管网的漏损可以通过专门的水平衡测试进行检测。酒店也可以在供水管网上安装水表，通常每隔100米安装一只，并定期抄表，检查供水管网是否漏水。在日常管理中，酒店还应建立供水管网的巡视制度，以及时发现并更换漏水的龙头和管道。

6.建立雨水收集系统

酒店应安装并使用雨水收集系统，尤其是占地面积较大的酒店，如度假型酒店等。用雨水收集系统收集酒店建筑屋顶、硬化道路、广场等上的雨水，经过简单的处理后，可以用于酒店庭院绿化灌溉、景观水补充等，减少对高品质生活饮用水的使用。

7.供水管网进行水质处理

酒店的供水系统，尤其是热水供水系统，应进行水质处理或采用新型环保管材，减少“黄水”的产生。“黄水”无法使用，造成水的浪费。同时，“黄水”也影响酒店的品质。

8.减少棉织品洗涤量

酒店通过设置“减少床单、毛巾洗涤”的提示卡，引导客人重复使用房间内的棉织品。房间内的棉织品在满足客人要求以及卫生要求的前提下，由“一日一换”改为“一客一换”，以减少棉织品的洗涤量。客房卫生间提供的面巾等棉织品可采用不同的图案或颜色，以方便客人区别使用，减少因不能区分使用而引起的棉织品的更换。

9.循环使用游泳池、水景池的水

酒店游泳池、水景池的水，在符合水质标准的前提下，尽量通过循环水处理的方

式来循环使用。加强游泳池、水景池的水质管理，减少游泳池、水景池水的更换量，以减少水资源的浪费。

10.改变饮用水供应方式

酒店在客房饮用水、会议饮用水供应方面，可逐渐改变提供方式，以减少对饮用水的浪费。

比如，客房饮用水供应方面，由客人按需烧水，不再通过服务人员送水；在会议饮用水供应方面，在条件允许的情况下，可设置水台，由客人按需取水，减少饮用水的浪费。

11.在中央空调系统的冷却水塔安装收水器

中央空调制冷系统的冷却水在循环过程中由于蒸发、飘逸等原因，有一定的损失。实践表明，冷却水塔经改造安装了收水器后，能有效降低冷却水的飘散损失，同时也改善了环境。

四、节能宣传和培训

1.积极对客宣传

酒店应积极对客宣传，客人的节能行为有助于酒店开展节能工作。

比如，在酒店的公共区域，如大堂、餐厅等设置节能低碳宣传角，提高住店客人的节能意识。在客房内设置宣传卡，鼓励客人节约资源、能源。

2.开展节能营销工作

酒店在市场营销中应充分考虑节能工作，如配合酒店营销计划，举办节能降耗专题宣传周活动，或为客人建立节能消费记录档案，以便对客人的节能行为进行奖励。

3.向供应商进行低碳宣传

酒店应向供应商进行低碳宣传。酒店的采购量大，涉及多个行业，通过向供应商进行低碳宣传，促使更多的企业实施低碳生产。

4.制订节能培训计划

酒店制订系统的节能培训计划并予以实施。培训计划和管理目标应符合实际的情况，并具有连续性。

5. 开展节能培训和奖励

酒店应在员工中开展节能培训和讨论活动，通过丰富多样的形式，调动员工节能的积极性，讨论各项节能操作的可行性。为了鼓励员工的节能创新行为，酒店可设置一些奖项如设立员工节能创新奖等。